The
LITTLE BLACK
SONGBOOK

QUEEN

Order No. HL00703200
ISBN: 978-1-78038-588-4
This book © Copyright 2012 Hal Leonard.

In Australia contact:
Hal Leonard Australia Pty. Ltd.
4 Lentara Court, Cheltenham,
Victoria, 3192 Australia.
Email: ausadmin@halleonard.com

Edited by Adrian Hopkins.
Music arranged by Matt Cowe.
Music processed by Paul Ewers Music Design.
Cover designed by Tim Field.
Printed in the EU.

Visit Hal Leonard online at
www.halleonard.com

HAL•LEONARD®
CORPORATION
7777 W. BLUEMOUND RD. P.O. BOX 13819 MILWAUKEE, WI 53213

ANOTHER ONE BITES THE DUST...4

BACK CHAT...7

BICYCLE RACE...10

BOHEMIAN RHAPSODY...13

BREAKTHRU...18

BRIGHTON ROCK...21

BRING BACK THAT LEROY BROWN...26

CRAZY LITTLE THING CALLED LOVE...24

DEATH ON TWO LEGS (DEDICATED TO...)...29

DON'T STOP ME NOW...32

DRAGON ATTACK...35

DREAMER'S BALL...38

FAT BOTTOMED GIRLS...41

FLASH...44

FLICK OF THE WRIST...46

FRIENDS WILL BE FRIENDS...49

GET DOWN, MAKE LOVE...52

GOOD COMPANY...55

GOOD OLD FASHIONED LOVER BOY...58

HAMMER TO FALL...61

HEADLONG...64

HEAVEN FOR EVERYONE...68

I WANT IT ALL...71

I WANT TO BREAK FREE...74

I WAS BORN TO LOVE YOU...77

I'M GOING SLIGHTLY MAD...80

I'M IN LOVE WITH MY CAR...86

IN THE LAP OF THE GODS (REVISITED)...88

INNUENDO...90

THE INVISIBLE MAN...83

IS THIS THE WORLD WE CREATED...94

IT'S A HARD LIFE...100

IT'S LATE...96

KEEP PASSING THE OPEN WINDOWS...103

KEEP YOURSELF ALIVE...106

KILLER QUEEN...112

A KIND OF MAGIC...110

LAS PALABRAS DE AMOR (THE WORDS OF LOVE)...118

LAZING ON A SUNDAY AFTERNOON...120

LET ME ENTERTAIN YOU...115

LIAR...122

LILY OF THE VALLEY...128
LONG AWAY...125
LOVE OF MY LIFE...130
THE MARCH OF THE BLACK QUEEN...133
THE MILLIONAIRE WALTZ...138
THE MIRACLE...142
MOTHER LOVE...145
MUSTAPHA...148
MY FAIRY KING...154
NO ONE BUT YOU (ONLY THE GOOD DIE YOUNG)...151
NOW I'M HERE...158
OGRE BATTLE...161
ONE VISION...164
PLAY THE GAME...167
PRINCES OF THE UNIVERSE...170
RADIO GA GA...173
SAVE ME...176
SEASIDE RENDEZVOUS...178
SEVEN SEAS OF RHYE...184
SHEER HEART ATTACK...186
THE SHOW MUST GO ON...181
SOMEBODY TO LOVE...188
SON AND DAUGHTER...194
SPREAD YOUR WINGS...191
STAYING POWER...196
STONE COLD CRAZY...200
TEAR IT UP...202
TENEMENT FUNSTER...208
THESE ARE THE DAYS OF OUR LIVES...210
'39...205
TIE YOUR MOTHER DOWN...212
TOO MUCH LOVE WILL KILL YOU...215
UNDER PRESSURE...218
WAS IT ALL WORTH IT...221
WE ARE THE CHAMPIONS...224
WE WILL ROCK YOU...226
WE WILL ROCK YOU (LIVE)...228
WHITE QUEEN (AS IT BEGAN)...234
WHO WANTS TO LIVE FOREVER?...236
YOU TAKE MY BREATH AWAY...231
YOU'RE MY BEST FRIEND...238

Another One Bites The Dust

Words & Music by John Deacon

Em   Am/E   C5   G5   A5   B5

F#5   F#m7   Em*   Am*   G#m   E5

Original recording sounds one semitone higher

Intro

‖: N.C.(Em) |(Em) (Am/E)| (Em) |(Em) (Am/E) :‖

| (Em) |(Em) (Am/E)‖
　　　　　　Ooh, let's go!

Verse 1

N.C.(Em)   (Am/E)
Steve walks warily down the street, with the brim pulled way down low.
(Em)   (Am/E)
Ain't no sound but the sound of his feet, machine guns ready to go.
　　　　(C5)   (G5)
Are you ready? Hey! Are you ready for this?
　　　　(C5)   (G5)
Are you hangin' on the edge of your seat?
(C5)   (G5)   (A5)   (B5)
Out of the doorway the bullets rip   to the sound of the beat,__ yeah.

Chorus 1

N.C.(Em)   (Am/E)
　　Another one bites the dust.
(Em)   (Am/E)
　　Another one bites the dust.
　　　　　(Em)
And an - other one gone, and another one gone.

　　　　　(Am/E)
Another one bites the dust, yeah.
(F#5)   (A5)
Hey, I'm gonna get you too.
　　　(F#5)   F#m7   G5 N.C.(Em) (Am/E) (Em) (Am/E)
An - other one bites the dust.

Verse 2

Em*
How do you think I'm gonna get along
                                    Am*   G♯m Am*
Without you when you're gone?
         Em*
You took me for everything that I had
                            Am* G♯m Am*
And kicked me out on my own.
     N.C.(C5)   (G5)
Are you happy? Are you satisfied?
       (C5)   (G5)
How long can you stand the heat?
(C5)   (G5)
Out of the doorway the bullets rip, ah,
(A5)   Em*   G5
  To the sound of the beat.   Look out!

Chorus 2

N.C.(Em)   (Am/E)
  Another one bites the dust.
(Em)   (Am/E)
  Another one bites the dust.
      (Em)
And an - other one gone, and another one gone.
                (Am/E)
Another one bites the dust, yeah.
(F♯5)   (A5)
Hey, I'm gonna get you too.
     (F♯5)   F♯m7 G5
An - other one bites the dust.

Interlude | E5 N.C. | N.C. |
                                          Hey!

‖: N.C. | N.C. | N.C. | N.C.   :‖ *Play 4 times*
                                                         w/ad lib. vocals

Breakdown
         N.C.
An - other one bites the dust. Another one bites the dust, ow!

Another one bites the dust, hey, hey!
                              (Em) (Am/E)
Another one bites the dust, hey!_____
(Em)   (Am/E)
  Ooh, shot!

5

Verse 3

        Em*
There are plenty of ways that you can hurt a man

        Am*   **G♯m** **Am***
And bring him to the ground.

       Em*
You can beat him, you can cheat him, you can treat him bad

           Am*   **G♯m** **Am***
And then leave him when he's down, yeah.

     N.C.(C5)   **(G5)**
But I'm ready. Yes, I'm ready for you.

   (C5)   **(G5)**
 I'm standin' on my own two feet.

(C5)   **(G5)**
Out of the doorway the bullets rip,

  (A5)   **(B5)**
Re - peating to the sound of the beat.

   G5 **N.C.(Em)**
Oh,___ yeah.

Chorus 3

     N.C.(Em)   **(Am/E)**
An - other one bites the dust.

(Em)   **(Am/E)**
  Another one bites the dust.

      (Em)
And an - other one gone, and another one gone.

        (Am/E)
Another one bites the dust. (Yeah.)

(F♯5)   **(A5)**
Hey, I'm gonna get you too.

   (F♯5)   **G5**
An - other one bites the dust.

Outro

Em*	**Em*** **Am* G♯m Am***	**Em***	
	Shoot-out!		

Em* Am* G♯m Am*	**N.C.(C5)** **(G5)**	**(C5)** **(G5)**
All	right.	

(C5) **(G5)**	**(A5)** **(B5)**	**N.C.**

Back Chat

Words & Music by John Deacon

Am   C/E   D/F♯   F/A

G/B   Am*   C   Dm7   F

Intro | Am | C/E | D/F♯ | F/A   G/B |

           | Am* | C | Dm7 | F   ‖

Chorus 1

          Am*   C
Back chat, back chat, you burn all my energy.
          Dm7   F
Back chat, back chat, criti - cising all you see.
          Am*   C
Back chat, back chat, ana - lysing what I say.
          Dm7   F
Back chat, back chat, and you always get your way.

Link 1 | Am | C/E | |

D/F♯   F/A   G/B
   Oh yeah,   see what you've done to me.

Verse 1

          Am*   C
Back chat, back chat, you're driving me insane.
      Dm7   F
It's a battle to the end, knock you down, you come again.
          Am*   C
Talk back, talk back, you've got me on the rack.
           Dm7   F
Twisting every word I say, you wind me up, you get your way.
        Am*   C
Fat chance I have of making a romance,
          Dm7   F
If I'm ever gonna win, have to get the last word in.

	Am			C/E	

Link 2
    Take it from there.

D/F♯   F/A G/B
    Ooh.

Am   **C/E**
Twisting every word I say,

D/F♯   F/A   **G/B**
    Hah, wind me up and let me play.

Chorus 2   As Chorus 1

Link 3

N.C.	N.C.	N.C.	N.C.	N.C.	

‖: Am*	C	Dm⁷	F	:‖

Guitar solo

‖: Am*	C	Dm⁷	F	:‖

‖: Am	C/E	D/F♯	F/A G/B :‖

Link 4

Am	C/E	D/F♯	F/A G/B

                                                    C'mon now.

Verse 2

      Am*   **C**
Wake up, stand up and drag yourself on out,

      Dm⁷   **F**
Get down, get ready,   scream and shout.

      Am*   **C**
Back off baby, be cool and learn to change your ways,

       Dm⁷   **F**
'Cause you're talking in your sleep and you're walking in a daze.

       Am*   **C**
Don't push your luck with me, I'm ready to attack,

       Dm⁷   **F**
'Cause when I'm trying to talk to you, all you do is just talk back.

      Am*   **C**
You stand so tall, you don't frighten me at all,

       Dm⁷   **F**
Don't talk back,   don't talk back, don't talk back.

            Am C/E   **D/F♯ F/A G/B**
Just leave me a - lone,   hah.

Chorus 3   As Chorus 1

             Am*   **C**   **Am***   **C**

Outro   Yes you do,   ah,   yes you do baby.

                     Am*

C'mon, back chat, back chat.

Back chat, back chat.

You know where it's at.

C'mon, back chat, back chat, hit me.

Go for it, go for it, go for it baby.

Back chat, back chat.

You been giving me the run around? Yes I have.

Criticising me, oh yeah, lying to me,

Back chat, back talk, backlash.

Well baby, yeah, merci beaucoup, thank you.

(Ad lib. to fade)

Bicycle Race

Words & Music by Freddie Mercury

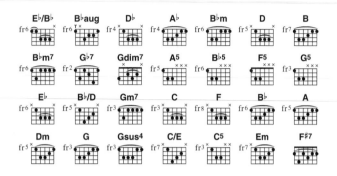

Chorus 1

(E♭/B♭) (B♭aug) (D♭)
Bicycle, bicycle, bicycle.

A♭   B♭m
I want to ride my

D   B   A♭
Bicycle, bicycle, bicycle.

B♭m7   A♭
I want to ride my bicycle.

B♭m7   A♭
I want to ride my bike.

B♭m7   A♭
I want to ride my bicycle,

B♭m7 A♭
I want to ride it where I like.

Verse 1

B♭m7
You say black,____ I say white.

You say bark, I say bite.

You say shark, I say hey man,

G♭7   Gdim7
Jaws was never my scene

N.C.(A5) (B♭5)
And I don't like   Star Wars.

cont.

        B♭m7
You say Rolls,——— I say Royce.

You say God, give me a choice.

You say Lord, I say Christ,
G♭7   **Gdim7**
I don't believe in Peter Pan, Frankenstein or Superman.
N.C.(F5)   **(G5) (A5)**
All I wanna do is…

Chorus 2

E♭   **B♭/D**   **D♭**
Bicycle, bicycle, bicycle.
A♭   **B♭m**
I want to ride my
D   **B**   **A♭**
Bicycle, bicycle, bicycle.
       B♭m7   **A♭**
I want to ride my bicycle.
       B♭m7   **A♭**
I want to ride my bike.
       B♭m7   **A♭**
I want to ride my bicycle,
       B♭m7
I want to ride my…

Bridge

Gm7   **C**
Bicycle races are coming your way,
      F   **B♭**
So for - get all your duties, oh, yeah.
Gm7   **C**
Fat-bottomed girls, they'll be riding today,
        F   **B♭**
So look out for those beauties, oh, yeah.
               A   **Dm**   **C F Dm C A Dm B♭ C**
On your marks,   get set,   go!
G7   **Gsus4**   **G**
Bicycle race, bicycle race, bicycle race.

Chorus 3

F   **C/E**   **A♭**
Bicycle, bicycle, bicycle.
              D   **B**
I want to ride my bicycle, bicycle.
G5   **C5**   **N.C.**
Bicycle, bicycle, I want a bicycle race.

| *Interlude* | D | A | D | A | |
| | D | B | N.C.(Em) | (F♯7) | |

$\frac{5}{8}$| (F♯7) $\frac{4}{4}$| (F♯7) $\frac{3}{8}$| (F♯7) $\frac{2}{4}$| (F♯7) ‖

Hey!

Verse 2

          B♭m7
You say coke,＿＿ I say caine,

You say John, I say Wayne. Hot dog!

        G♭7
I say cool it man, I don't wanna be

   Gdim7   N.C.(A5) B♭m7
The President of A - merica.

You say smile, I say cheese, Cartier, I say please.

Income tax, I say, Jesus,

    G♭7   Gdim7
I don't wanna be a candidate for Vietnam or Watergate,

     N.C.(F5)   (G5) (A5)
'Cause all I wanna do is…

Chorus 4

E♭   B♭/D   D♭
Bicycle, bicycle, bicycle.

A♭   B♭m
I want to ride my

D   B   A♭
Bicycle, bicycle, bicycle.

     B♭m7   A♭
I want to ride my bicycle.

     B♭m7   A♭
I want to ride my bike.

     B♭m7   A♭
I want to ride my bicycle,

     B♭m7 A♭
I want to ride it where I like.

Bohemian Rhapsody

Words & Music by Freddie Mercury

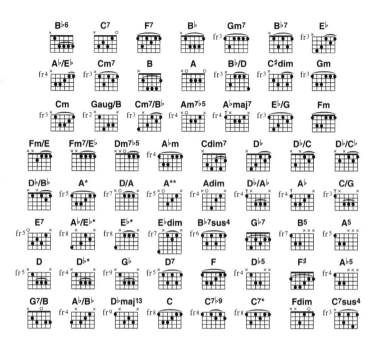

Intro

B♭6   **C7**
Is this the real life? Is this just fantasy?

F7   **B♭**
Caught in a landslide, no es - cape from reality.

Gm7   **B♭7**   **E♭ A♭/E♭ E♭**
Open your eyes, look up to the skies and see.

Cm7   **F7**
I'm just a poor boy, I need no sympathy.

cont.

        B   **B♭**   **A**   **B♭**

Because I'm easy come, easy go,

B   **B♭**   **A**   **B♭**

 Little high, little low.

E♭   **B♭/D**

Anyway the wind blows

C♯dim   **F7**   **B♭**

Doesn't really matter to me, to me.

B♭   **Gm**

Verse 1   Mama, just killed a man,

      Cm   **F7**

Put a gun against his head, pulled my trigger, now he's dead.

B♭   **Gm**

Mama, life had just begun,

   Cm   **Gaug/B** **Cm7/B♭** **Am7♭5** **A♭maj7** **E♭/G**

But now I've gone and thrown it all   away.

E♭   **B♭/D** **Cm**

Mama, ooh,

      Fm   **Fm/E** **Fm7/E♭** **Dm7♭5**

Didn't mean to make you   cry.

  B♭   **B♭7**   **E♭**

If I'm not back again this time tomor - row,

    B♭/D   **Cm**   **A♭m**   **E♭**

Carry on, carry on, as if nothing really mat - ters.

| **A♭/E♭** **E♭** **Cdim7** **Fm7/E♭** | **B♭** | **B♭** ‖

B♭   **Gm**

Verse 2   Too late, my time has come,

      Cm   **F7**

Sent shivers down my spine, body's achin' all the time.

B♭   **Gm**

 Goodbye everybody, I've got to go,

      Cm   **Gaug/B**   **Cm7/B♭** **Am7♭5**   **A♭maj7** **E♭/G**

Gotta leave you all behind_____ and face_____ the truth.

E♭   **B♭/D** **Cm**

Mama, ooh,   (Anyway the wind blows.)

Fm   **Fm/E**   **Fm7/E♭** **Dm7♭5**

I don't want to____ die,

  B♭   **B♭7**

I sometimes wish I'd never been born at all.

Guitar solo | E♭ B♭/D | Cm | Fm Fm/E Fm7/E♭ Dm7♭5 | B♭   B♭7 |

| E♭ B♭/D | Cm | Fm Fm/E Fm7/E♭ Dm7♭5 | D♭ D♭/C D♭/C♭ D♭/B♭ |

| A* ‖

Interlude 1

D/A A** Adim A**   D/A A** Adim
I   see a little   silhou - etto of a man.

A**   D/A   A**   D/A
Scar - a - mouch, Scar - a - mouch,

A**   Adim A** D/A A**
Will you do the fan - dan - go?

D♭/A♭   A♭
Thunderbolt and lightning,

C/G   E7   A*
Very, very fright'ning me.

N.C.
Galileo. (Galileo.) Galileo. (Galileo.)

                              (Cm7)
Galileo Figaro, Magnifi - co.

B   B♭   A   B♭
I'm just a poor boy,

B   B♭   A   B♭
No - body loves me.

A♭/E♭* E♭*   E♭dim E♭*
He's   just a poor   boy

A♭/E♭* E♭* E♭dim E♭*
From a poor fami - ly.

A♭   E♭/G   F7   B♭ A♭ E♭ Cdim7 B♭7sus4
Spare him his life from this monstrosi - ty.

B   B♭   A   B♭
Easy come, easy go,

B   B♭   A
Will you let me go?

15

N.C.
Bismillah!

E♭   **B♭7**
No, we will not let you go.

E♭   **N.C.**
Let him go! Bismillah!

     B♭7
We will not let you go.

E♭   **N.C.**
Let him go! Bismillah!

     B♭7
We will not let you go.

(E♭)   **B♭7**
Let me go! Will not let you go.

(E♭)   **B♭7**
⎧Let me go! Will not let   you go.   **F♯**
⎩ (Nev-er, nev - er, nev-er   nev-er let me go.

B5 **A5** **D** **D♭** **G♭** **B♭** **E♭**
No, no, no, no, no, no, no!

N.C.
Oh, mama mia, mama mia.

E♭   **A♭**   **Cm** **B♭**
Mama mia let me go!

     E♭   **A♭**   **D7**   **Gm**   **B♭7**
Be - elze - bub has a devil put a - side for me,

For me, for me!

Breakdown | **E♭** | **E♭** | **E♭** | **F**   ‖

Bridge

B♭   **E♭**   **B♭**   **D♭5**
So you think you can stone me and spit in my eye?

B♭   **A♭**   **Gm**
So you think you can love me and leave me to die?

Fm **B♭** **Fm**   **B♭**
Oh, baby,   can't do this to me, baby.

Fm   **B♭** **Fm**   **B♭**
Just gotta get out,___ just gotta get right outta (here.)

Interlude 2 | E♭ | E♭ | E♭ | F |
                  Here.

                | F♯ | B5 | A♭5 | B♭7 |

                | B♭7 | B♭7   ‖

Outro   E♭   B♭/D   Cm G7/B Cm
                  Ooh, ooh, ooh, ooh, yeah.

                  G7/B Cm   B♭ E♭ Gm A♭ E♭
                  Ooh, yeah.

                  Cm   Gm   Cm   Gm
                  Nothing really matters, anyone can see.

                  Cm   A♭m A♭/B♭
                  Nothing really mat - ters, nothing really matters

                     E♭   A♭ E♭ Cdim7 B♭/D D♭maj13 C C7♭9 C7* F
                  To me.

                  B♭   F   Fdim C7sus4   F
                  Any - way the wind blows.

Breakthru

Words & Music by Brian May, Freddie Mercury, John Deacon & Roger Taylor

Intro

N.C.
When love breaks up,

Dm7♭5/F
When the dawn light wakes up,

G♭6 E♭7/G A♭sus2 A♭
A new life is born.

C7   Gm11
Somehow I have to make this final breakthru

N.C.(F)
Now! Aha, aha, aha, aha, aha, aha, aha, aha, aha, aha.

Verse 1

F   B♭/F
   I wake up,   feel just fine,

F   B♭/F
   Your face   fills my mind.

F   B♭/F
   I get religion quick,   'cause you're looking divine.

B♭   C/B♭
   Honey you're touching something,____ you're touching me.

B♭   Dm
   I'm under your thumb, under your spell,

E♭   C/E
Can't you see?

Chorus 1

    F   **C**
    If I could only reach you,   if I could make you smile.
    B♭*   **F**
    If I could only reach you, that would really be a break - thru.

Oh yeah.

Bridge

    F*   **E♭%**
    (Breakthru) these＿＿ barriers of pain.
    F*   **F9sus4**
    (Breakthru) yeah, in - to the sunshine from the rain,
Dm
Make my feelings known towards you,
G   **F/A**
    Turn my heart inside and out for＿＿ you now.
B♭*   **Dm C B♭***
Somehow I have to make this fin - al breakthru.
N.C.(F)
Now! Oh, yeah. Aha, aha, aha, aha, aha, aha, aha.

Verse 2

    F   **B♭/F**
    Your smile   speaks books to me,
    F   **B♭/F**
    I break up with each and every one of your looks at me.
    F   **B♭/F**
    Honey you're starting something,＿＿＿ deep inside of me.
    B♭   **C/B♭**
    Honey you're starting something,＿＿＿ this fire in me.
    B♭   **Dm**   **E♭**   **C/E**
    I'm outta control, I wanna rush headlong into this ecstasy.

Chorus 2

    F   **C**
    If I could only reach you,   if I could make you smile.
    B♭*   **F**
    If I could only reach you, that would really be... (Breakthru.)
                         C   **B♭***
If I could only reach you,   if I could make you smile.
                                       F
If I could only reach you, that would really be a break - thru. Oh, yeah.
F*   **E♭/F F* E♭/F**
    Breakthru.＿＿＿＿ Breakthru.

Guitar solo	Dm	Dm	G	G	
	F/A	F/A	B♭*	B♭*	
	Dm C	B♭*	C5 D5	E5 F5	
	D♭5 E♭5	F5 A♭5	A5	A5	

Chorus 3

F♯
    If I could only reach you,   if I could make you smile.
                              C♯

B   F♯
    If I could only reach you, that would really be a... (Breakthru.)
                         C♯
If I could only reach you,   if I could make you smile.

B   F♯
    If I could only reach you, that would really be a (Breakthru.)
                                             N.C.
Aha, aha, aha, aha, aha, aha, aha, aha, aha, aha. Breakthru.

Brighton Rock

Words & Music by Brian May

G#sus4   C#   F#   B   E   A

E/D#   A♭/C   A/G#   F#m7   A*   E*   G

G5   C   D/E   Bsus4   A5   E5   E7#9

Intro | G#sus4 | G#sus4 | G#sus4 | G#sus4 |

           | N.C. | N.C. |

           | C#   F# | C#   F# | C#   F# | C#   F# ‖

Verse 1

         B   E   B   E
Happy little day, Jimmy went a - way,

         B   E   F#
Met his little Jenny on a public holiday.

         B   E   B   E
A happy pair they made, so decorously laid

            B   E   F#
'neath the gay illumi - nations all a - long the promenade.

            A   E   E/D#   C#m
"It's so good to know there's still a little magic in the air,

A♭/C   C#m   B   E
I'll   weave my spell."

Link 1 | C#   F# | C#   F# ‖

Verse 2

       B   E   B   E
"Jenny will you stay, tarry with me pray,

        B   E   F♯
Nothing 'ere need come be - tween us tell me love, what do you say?"

     B   E   B   E
"Oh no I must a - way to my mum in disar - ray,

     B   E   F♯
If my mother should dis - cover how I spent my holiday

         A   E   E/D♯ C♯m
It would be of small avail to talk of magic in the air,

A♭/C C♯m B   E
I'll   say   fare - well."

        C♯m   B E   A   A/G♯ F♯m7 B E

Bridge   Oh, rock of ages, do not crumble, love is   breath - ing still.

        C♯m   F♯   B   (A)
     Oh, lady moon, shine down a little people magic if you will.

Link 2	A*	A* E*	A*	A* E*
	A*	A*	G	G

Guitar solo	E	E	E	N.C.	G5 N.C.
	E	E	N.C.	G5 N.C.	
	C	C	E	E D/E	
	‖: E	E	E	E :‖	
	A*	A* E*	A*	A* E*	
	A*	A*	G	G	

Interlude	Ad. lib guitar for 1 min. 50 secs.

Link 3 | C♯ F♯ | C♯ F♯ | C♯ F♯ | C♯ F♯ ‖

Verse 3

```
B                E              B            E
Jenny pines a - way, writes a letter every day,
            B        E                   F♯
"We must ever be to - gether, nothing can my love erase."
     B                   E        B             E
"Oh no, I'm compro - mised, I must apolo - gise
      B                  E                F♯
If my lady should dis - cover how I spent my holidays."
```

| A | B |

Outro

| Bsus4 | Bsus4 | Bsus4 | Bsus4 |

| N.C.(E5) | A5 G5 | N.C.(E5) | A5 G5 |

| N.C.(E5) | E5 | E5 A5 E5 | E7♯9 ‖

Crazy Little Thing Called Love

Words & Music by Freddie Mercury

D   Dsus4   G   C   B♭   E   A   F

Intro ‖: D Dsus4 D | D Dsus4 D :‖

Verse 1

           D Dsus4 D   **Dsus4 D**
This thing___   called love,

      G   **C**   **G**
I just___ can't handle it.

           D Dsus4 D   **Dsus4 D**
This thing,___   called love,

      G   **C**   **G**
I must___ get 'round to it.

      D
I ain't ready.

B♭   **C**   **D**
Crazy little thing called love.

Verse 2

           D Dsus4 D   **Dsus4 D**
This thing___ (This thing.) called love, (Called love.)

      G   **C**   **G**
It cries___ (Like a baby.) in a cradle all night.

           D Dsus4 D   **Dsus4 D**
It swings,___ (Woo, woo.) it jives, (Woo, woo.)

      G   **C**   **G**
It shakes___ all over like a jellyfish.

      D
I kinda like it.

B♭   **C**   **D**
Crazy little thing called love.

Bridge

           G
There goes my baby,

      C   **G**
She knows how to rock 'n' roll.

           B♭
She drives me crazy.

cont.

          E   **A**
She gives me hot and cold fever,

        F   **N.C.**
Then she leaves me in a cold, cold sweat.

D **C♯** **C**	**A** **G♯** **G**	**E**		**A**		
5fr 4fr 3fr	5fr 4fr 3fr					
⑤ ⑤ ⑤	⑥ ⑥ ⑥					

Verse 3

          D   **Dsus⁴** **D**   **Dsus⁴** **D**
I gotta be cool,＿＿ relax,

      G   **C**   **G**
Get hip,＿＿ get on my tracks,

      D   **Dsus⁴** **D**   **Dsus⁴** **D**
Take the back seat,   hitch-hike,

    G   **C**   **G**
And take a long ride on my motor - bike

        D
Until I'm ready.

B♭   **C**   **D**
Crazy little thing called love.

Guitar solo

B♭		**B♭**		**D** **G**	**D**		
B♭		**B♭**		**E** **A**	**F N.C.**		
D **C♯** **C**	**A** **G♯** **G**	**E**		**A N.C.**		
5fr 4fr 3fr	5fr 4fr 3fr					
⑤ ⑤ ⑤	⑥ ⑥ ⑥					

Verse 4

I gotta be cool, relax,

Get hip, get on my tracks,

Take the back seat, hitch-hike,

      (G)   **(C)**   **(G)**
And take a long ride on my motor - bike

       (D)
Until I'm ready, (Ready, Freddie.)

Crazy little thing called love.

Verse 5

As Verse 1

Outro

   B♭   **C**   **D**
‖: Crazy little thing called love. :‖ *Repeat to fade*

Bring Back That Leroy Brown

Words & Music by Freddie Mercury

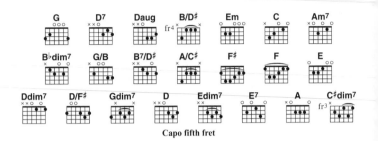

Capo fifth fret

	G	D7	G	D7
Chorus 1	Bring back, bring back,			

       G   **N.C.**   **Daug**
Bring back that Leroy Brown.

 G   **D7**   **G**   **D7**
Bring back, bring back,

     G   **D7**   **G**   **Daug**
Gotta bring back Leroy Brown.

        G   **Daug**   **G**   **B/D♯** **Em**
Verse 1   Bet your bottom dollar bill you're a playboy,

   G   **C**   **G**   **Am7** **B♭dim7** **G/B**
Daddy cool with a ninety dollar smile.

Em   **B7/D♯**
Took my money out of gratitude

         Em **N.C.**   **A/C♯**
And he git right outta town.

         G   **F♯**   **F**   **E**
I gotta getty up, steady up, shoot him down,

       G   **Daug**
Gotta hit that latitude.

Chorus 2   As Chorus 1

G   **Daug**   **G**   **B/D♯** **Em**

Verse 2   Big, bad Leroy Brown he got no common sense,

G   **C**   **G**   **Am⁷** **B♭dim⁷** **G/B**
He got no brains but he sure gotta lot of style.

Em   **B⁷/D♯**
Can't stand no more in this here jail,

         Em **N.C.**   **A/C♯**
I gotta rid   myself of this sen - tence.

       G   **F♯**   **F**   **E**
Gotta get out the heat, step into the shade,

       G   **Daug**
I gotta get me there dead or alive.

       G

Bridge 1   Wooh, wooh, big bad Leroy, wooh, wooh.

                        Em **B⁷/D♯** **Em** **Ddim⁷** **D⁷** **Daug**
Wooh, wooh, big bad Leroy   Brown.

Chorus 3   As Chorus 1

       G   **Daug**   **G**   **B/D♯** **Em**

Bridge 2   Big mama Lulu Belle, she had a nervous breakdown,

G   **C**   **G**   **D/F♯** **Em**
Leroy's taken her honey chile a - way.

        Am⁷   **Em**
But she met him down at the station,

        Am⁷   **Em**
Put a shotgun to his head.

        Am⁷   **C⁷/G**
And unless I be mis - taken,

F♯   **D**
This is what she said:

G   **N.C.**   **Em** **B/D♯** **Em**
"Big bad, big boy, big bad Leroy Brown,

N.C.
I'm gonna get that cutie pie."

Chorus 4

G   D7   G   D7
Bring back, bring back,

     G   N.C.   Daug
Bring back that Leroy Brown.

Verse 3

G   Daug   G   B/D# Em
Big bad caused a mighty fine sen - sation,

G   C   G
Gone and got himself e - lected presi - dent,

     Am7 B♭dim7 G/B C   Edim7
(We want Le - roy for presi - dent.)

Link

| Edim7 | E7 | A | D7 ‖

Outro

G   F#   F   E
Next time, you gotta hit a bitty baddy weather,

G   F#   F   E
This time, like a shimmy, shammy leather.

     B7/D# Em   B7/D# Em
He's a big   boy, bad   boy,   Leroy,

   G   D/F#   Em   C#dim7
I don't care where you get him from.

                            Daug
Du ba du ba, Du ba du ba, Du ba du ba dub,

N.C.   F# G
Bring that big bad Leroy back,

N.C.   G
I want him back.

Death On Two Legs
(Dedicated To...)

Words & Music by Freddie Mercury

[Chord diagrams: E♭m, G♭, D♭sus4, D♭, Fm/C, C, Em/B, Em/B♭, Em/C♯, G/D, G5/D, G(♭5)/D♭, Bm, Bm/A♯, Bm/A, Bm/G♯, Bm/G, Bm/F♯, F♯, G, Gm, D, Cm, A]

Intro

| E♭m | E♭m | G♭ | D♭sus4 D♭ | Fm/C |

| C | Em/B | Em/B♭ Em/C♯ | G/D | N.C. ‖

‖: G5/D | G(♭5)/D♭ | G5/D | G(♭5)/D♭ :‖ *Play 3 times*

‖: Bm | Bm/A♯ Bm/A | Bm/G♯ | Bm/G Bm/F♯ :‖

| F♯ | F♯ | G | G | F♯ | F♯ (Em/G)

Ah.

Verse 1

    N.C.   Bm
You suck my blood like a leech,

You break the law and you preach.

Screw my brain till it hurts,

             Gm   F♯
You've taken all my money and you want more.

      D
Mis - guided old mule,

With your pigheaded rules.

                                  Gm
With your narrow-minded cronies who are fools

           Cm
Of the first di - vision.

Chorus 1

Bm   **Bm/A♯**   **Bm/A**
Death on two legs,

             Bm/G♯   **Bm/G**   **Bm/F♯**
You're tearing me a - part.

Bm   **Bm/A♯**   **Bm/A**
Death on two legs,

              A   **D**
You never had a heart of your own.

Bridge 1

F♯
Killjoy, bad guy,

Bm
Big talking small fry.

          A
You're just an old barrow-boy,

                         D
Have you found a new toy to re - place me,

Can you face me?

    Bm   **N.C.**   **F♯**   **N.C.**
But now you can kiss   my ass goodbye.

Bridge 2

F♯
Feel good, are you satisfied?

         Bm
Do you feel like suicide? (I think you should)

        A
Is your conscience all right,

Does it plague you at night?

       D   **N.C.(F♯)**
Do you feel good, feel good?

Guitar solo | **F♯** | **F♯** | **Bm** | **Bm** |

                  | **D** | **D**   **Bm** | **D** | **D**   **Bm** |

                  | **D** | **D**   **Bm** | **Bm**   **A** | **G**   **F♯** | **(Em/G)**
                                                                     Ah.

Verse 2

Bm
Talk like a big business tycoon,

But you're just a hot-air balloon.

So no one gives you a damn,

Gm
You're just an overgrown schoolboy,

F♯
Let me tan your hide.

D
A dog with disease,

You're the king of the sleaze.

Gm
Put your money where your mouth is Mr. Know-All

Cm N.C.
Was the fin on your back part of the deal, shark.

Chorus 2

Bm   **Bm/A♯ Bm/A**
Death on two legs,

Bm/G♯ Bm/G Bm/F♯
You're tearing me a - part.

Bm   **Bm/A♯ Bm/A**
Death on two legs,

A   **D**
You never had a heart of your own.

(Right from the start)

Bridge 3

F♯
Insane, you should be put inside,

Bm
You're a sewer-rat decaying in a cesspool of pride.

A
Should be made unemployed,

Make yourself null and void.

D
Make me feel good,

N.C.(F♯)
I feel good.

Don't Stop Me Now

Words & Music by Freddie Mercury

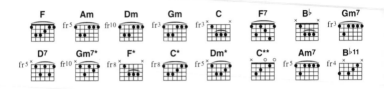

Intro

         F   Am   Dm
To - night I'm gonna have my - self a real good___ time,

       Gm C
I feel a - live.___

                 F   F7   B♭
And the world,___ I'm turning inside out,___ yeah.

    Gm7   D7   Gm7* F* C* Gm
I'm floating around in ecstasy, so don't stop me now.

Gm7* F* C*   Gm   C
Don't stop me, 'cause I'm having a good time, having a good time.

Verse 1

        F   Am
I'm a shooting star leaping through the sky

      Dm*   Gm   C**
Like a tiger, defying the laws___ of gravi - ty.

     F   Am   Dm*
I'm a racing car passing by,___ like Lady Go - diva.

       Gm   C   F
I'm gonna go, go, go, there's no stopping me.

Pre-chorus 1

       F7   B♭
I'm burning through the sky,___ yeah,

      Gm7   D7   Gm
Two hundred degrees, that's why they call me Mister Fahren - heit.

      D7   Gm
I'm travelling at the speed of light,

             N.C.   C
I wanna make a supersonic man out of you.

Chorus 1

    F   **Gm7 Am7 Dm***
(Don't stop me   now.)

             Gm   **C***
I'm having such a good time, I'm having a ball.

F   **Gm7 Am7 Dm***
(Don't stop me   now.)

               Gm   **D7**
If you wanna have a good time, just give me a call.

Gm **F** **C**   **Gm**
(Don't stop me...) 'Cause I'm having a good time,

Gm **F**   **C** **Gm**
(Don't stop...) Yes, I'm having a good time,

 C   **Bb11**
I don't wanna stop at all.

Verse 2

          F   **Am**
Yeah, I'm a rocket ship on my way to Mars,

      Dm*
On a col - lision course.

    Gm   **C***
I am a satellite, I'm out of control.

     F   **Am**
I'm a sex machine ready to re - load,

       Dm
Like an atom bomb about to

Gm   **C**   **F**
Oh, oh, oh, oh, oh, ex - plode.

Pre-chorus 2

    F7   **Bb**
I'm burning through the sky,___ yeah,

    Gm7   **D7**   **Gm**
Two hundred degrees, that's why they call me Mister Fahren - heit.

    D7   **Gm**
I'm travelling at the speed of light,

         N.C.
I wanna make a supersonic woman of you.

Bridge

N.C.
(Don't stop me, don't stop me, don't stop me.) Hey, hey, hey!

(Don't stop me, don't stop me, ooh, ooh, ooh.)

I like it, have a good time, good time.

(Don't stop me, don't stop me.) Oh!

Guitar solo

| F | Am | Dm* | Gm | |

| C** | F | Am | Dm* | |

| Gm | C | F | (F7) | |

Pre-chorus 3

F7   B♭
Oh, burning through the sky,___ yeah,

Gm7   D7   Gm
Two hundred degrees, that's why they call me Mister Fahren - heit.

D7   Gm
Hey, travelling at the speed of light,

N.C.
I wanna make a supersonic man out of you. Hey, hey!

Chorus 2   As Chorus 1

Outro

F   Am   Dm
Da, da, da, da, da, da, da, da.

Gm   C
Ha, da, da, ha, ha, ha.

F F7   B♭
Ha, da, da, ha, da, da, oh, oh.

Gm7
Ooh. *To fade*

Dragon Attack

Words & Music by Brian May

F   G   D5   C5   G5   F5

riff____

C D C A C D F C	D C A C D	riff	(riff)	:	
3fr 5fr 3fr 0fr 3fr 5fr 3fr 3fr	5fr 3fr 0fr 3fr 5fr
⑤ ⑤ ⑤ ⑤ ⑤ ⑤ ④ ⑤	⑤ ⑤ ⑤ ⑤ ⑤

Intro

||: riff | (riff) | riff | (riff) :|| *Play 3 times*

Verse 1

N.C.
Take me to the room where the red's all red,

Take me out of my head, that's what I said.

| riff | (riff) | riff | (riff) |
          Yeah,   ow.

| riff | (riff) | riff | (riff) |
N.C.
Hey, take me to the room where the green's all green,

And from what I've seen it's hot, it's mean.

| riff | (riff) | riff | (riff) |
          Eh.

Chorus 1

F G
   I'm gonna use my stack,
F G
   It's gotta be Mack.
F G
   Gonna get me on the track,
F G
   Got a dragon on my back.

Link 1

| riff | (riff) | riff | (riff) ||

Verse 2

N.C.
Take me to the room where the beat's all around,

Gonna eat that sound, yeah, yeah, yeah, yeah.

| riff | (riff) | riff | (riff) |

N.C.
Take me to the room where the black's all white,

And the white's all black, take me back to the shack, shack.

Chorus 2

F G
  She don't take no prisoners,

F G
  She gonna give me the business.

F G
  Got a dragon on my back,

F G
  Hey, it's a dragon attack.

Link 2

N.C. (drums)
Get down,

| riff | (riff) | riff | (riff) ‖
| | | Nice and | slow, |

| riff | (riff) | riff | (riff) ‖

| riff | (riff) | riff | (riff) ‖
| | Hey, hey, | | all right, |

| riff | (riff) |

Guitar solo

| N.C. | N.C. | N.C. | N.C. |

| D5   C5 | G5   F5 | D5   C5 | G5   F5 |
| | Yeah, | | |

| D5   C5 | G5 | D5 | D5 |

| D5 | D5 | D5 | D5 |
| | | | Oh yeah. |

‖: D5 | D5 | D5 | D5 :‖   *Play 3 times*

| D5 | D5 ‖

Bridge

N.C.
She's low down, she don't take no prisoners.

She go down, she gonna give me the business.
F   G
No time, yeah, chained to the rack.
F   G
Show - time, got a dragon on my back.
F   G
Show down, go find another customer.
F   G
Slow down, I gotta make my way.

Outro   ‖: D5   C5 | G5   F5 | D5   C5 | G5   F5   :‖   *Play 10 times*

‖: riff | (riff) | riff | (riff)   :‖   *Play 10 times*

Dreamer's Ball

Words & Music by Brian May

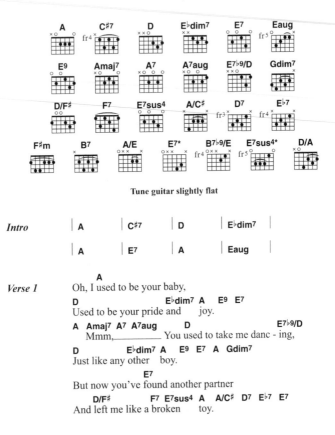

Tune guitar slightly flat

Intro

| A | C#7 | D | E♭dim7 |
| A | E7 | A | Eaug |

Verse 1

A
Oh, I used to be your baby,

D   E♭dim7 A   E9 E7
Used to be your pride and   joy.

A Amaj7 A7 A7aug   D   E7♭9/D
  Mmm,_____ You used to take me danc - ing,

D   E♭dim7 A   E9 E7 A Gdim7
Just like any other   boy.

                    E7
But now you've found another partner

     D/F#   F7 E7sus4 A A/C# D7 E♭7 E7
And left me like a broken   toy.

Verse 2

   (E7)   **A**
Oh, it's someone else you're taking,

D   **E♭dim7** **A**   **E9** **E7**
Someone else you're play - ing   to.

A **Amaj7** **A7** **A7aug**   **D**   **E7♭9/D**
                   And honey, though I'm ach - ing,

D   **E♭dim7** **A** **E7** **A** **Gdim7**
I know just what I have to   do.

             E7
If I can't have you when I'm waking,

  D/F♯   **F7**   **E7sus4** **A** **A/C♯** **D7** **E♭7** **E7**
I'll go to sleep and dream I'm with you.

Chorus 1

     A   **C♯7**   **F♯m** **A** **A7**
Oh, take me, take me, take me to the dreamer's ball.

        D   **A**   **D**   **A**
Mmm, I'll be right on time and I'll dress so fine,

        B7   **E7** **A/E** **E7*** **B7♭9/E**
You're gonna love me when you see me, I won't have to wor - ry.

A   **C♯7**   **D**   **E♭dim7**   **A**
Take me, take me, promise not to wake me till it's   morning,

     E7   **A**   **Eaug**
It's all been true.

Guitar solo 1
spoken

    A
What do you say about that then honey?   **C♯7**

D   **E♭dim7**   **A**   **E7**
   Are you gonna take me to that dreamer's ball?

A **Amaj7** **A7**   **A7aug**
             I'd like that.

| **D** | | **D E7♭9/D** | **D** | | **D E♭dim7** |
| **A** | | **E7** | **A** | | **Gdim7** | |

E7
Right on that forty-second street.

D/F♯ **F7**   **E7sus4**   **A**   **A/C♯** **D7** **E♭7** **E7**
  Way down, down town we must go.

Chorus 2

    A   C#7   F#m A A7
Oh, take me, take me, take me, I'm your plaything now.

              D   A   D   A
You make my life worth - while with the slightest smile

       B7   E7   A/E E7*   B7♭9/E
Or des - troy me with a barely per - cepti - ble whis - per.

A   C#7   D   E♭dim7   A
Gently take me, re - member I'll be dreaming of my baby

         E7   A   Eaug
At the dreamer's ball.

Guitar solo 2

A	A	C#7	C#7	
D	D	A	A	
D	A	D	A	
B7	B7	E A/E	E7* B7♭9/E ‖

Chorus 3

        A   C#7   D   E♭dim7
Oh, take me, hold me, re - member what you told me,

        A   E7   A
You'd meet me at the dreamer's ball,

E♭dim7 N.C.   E7sus4*   D/A A
I'll   meet you at the dreamer's ball, ooh.___

Fat Bottomed Girls

Words & Music by Brian May

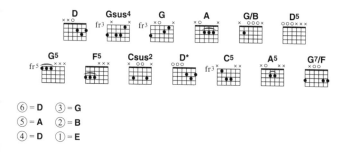

⑥ = **D**   ③ = **G**
⑤ = **A**   ② = **B**
④ = **D**   ① = **E**

Intro

N.C. (D)   (Gsus⁴)   (G)
Are you gonna take me home to - night?

(D)   (G)   (A)
Ah, down be - side that red fire-light.

(D)   (G/B)
Are you gonna let it all hang out?

          (D)   (A)   (D5)
Fat bottomed girls, you make the rockin' world go 'round.

| (D5) G5 F5 D5 | D   ‖
                   Hey!

Verse 1

Csus² D
I was just a skinny lad, never knew no good from bad,

G5   F5 D5 D   Csus²   A
But I knew life before I left my nursery.___ Huh.

          D   G
Left alone___ with big fat Fanny, she was such a naughty nanny,

          D   A
Heap big woman, you made a bad boy out of me.

D
   Hey, hey!

Verse 2

D5
I've been singin' with my band 'cross the water, 'cross the land,

G5 **F5** **D5** **D**   **Csus2**   **A**
  I   seen every blue-eyed floozy on the way.___ Hey.

D5   **G**
But their beauty and their style went kind of smooth___ after a while,

      D5   **A**   **D5**
Take me to___ them dirty la - dies every time.___ Shout!

Chorus 1

D*   **C5**   **G/B**
Oh, won't you take me home to - night?

D*   **C5**   **G/B**   **A**
Oh, down beside___ your red___ fire-light.

D*   **G**
Oh, and you give it all you've got,

                 D5   **A5**   **D**
Fat bottomed girls,___ you make the rockin' world go 'round.

G5 **F5**   **D5**   **A5**   **D**
  Fat bottomed girls, you make the rockin' world go 'round.

| **G7/F** **G/B** **D** | **A**   **D** | **G/B**   **D** |

A   **G5**
  Hey, listen here, ah.

Verse 3

          D
Now, I got mortgages and homes, I got stiffness in my bones,

G5 **F5**   **D5** **D**   **Csus2** **A**
  Ain't no beauty queens in this lo - cality.___ I tell ya.

       D   **G**
Oh, but I___ still get my pleasure, still got my greatest treasure,

      D   **A**   **D5**
Heap big woman, you gonna make___ a big man out of me.

Now get this.

D*   **C⁵**   **G/B**
Oh, I know. (You gonna take me home tonight?)   Please.

D*   **C⁵**   **G/B**   **A**
Oh, down beside___ that red___ fire-light.

D*   **G**
Oh, you gonna let it all hang out,

              D⁵   **A⁵**   **D⁵**
Fat bottomed girls,___ you make the rockin' world go 'round.

G⁵   **D**   **A⁵**   **D⁵**
Yeah, fat bottomed girls,___ you make the rockin' world go 'round.

Get on your bikes and ride.

D*
Ooh, yeah, uh. Oh, yeah.

Them fat bottomed girls, they get me. Yeah, yeah, yeah.

All right, ride 'em cowboy. Woo! (Fat bottomed girls.) Yes, yes!

D	D	D	D	
D	D	D Csus² G/B	D	
D Csus² G/B	D*	D*	*To fade*

43

Flash

Words & Music by Brian May

Am G/A F/A D A/C#

G/B C Dm A F C/E

D/F# G E/G# F#m7b5 E7/G# Em/G

Chorus 1

Am N.C.(Am) G/A
Flash. Ah,

F/A D A/C# D G/B Am N.C.(Am)
  Saviour of the universe.

Am N.C.(Am) G/A
Flash. Ah,

F/A D A/C# D G/B Am N.C.(Am)
  He'll save every one of us.

Chorus 2

Am N.C.(Am) G/A
Flash. Ah,

F/A D A/C# D G/B Am N.C.(Am)
  He's a miracle.

Am N.C.(Am) G/A
Flash. Ah,

F/A D A/C# D A/C# D G/B
  King of the im - possible.

Verse 1

    C   G/B
    He's for every one of us.

    Dm   A/C#   A
    Stand for every one of us.

    F   C/E
    He'll save with a mighty hand

        F   D/F#
    Every man, every woman,

         G   E/G# Am N.C.(Am)
    Every child with a mighty Flash.

Chorus 3

    Am N.C.(Am)   G/A F/A D A/C# D G/B Am N.C.(Am)
    Flash.   Ah,

    Am N.C.(Am)   G/A
    Flash.   Ah,

    F/A   D   A/C# D A/C# D G/B
    He'll save every one of us.

Verse 2

    C   G/B   C   G/B
    Just a man___ with a man's courage.

              Dm   A/C#
    He knows,   nothing but a man,

              Dm   A/C# A
    But he can never fail.

    F   C/E
    No one but the pure in heart

        F   F#m7b5 G
    May find the golden grail,

    E7/G# Am Em/G F
    Oh,   oh,   oh,   oh.

Outro

    ‖: N.C.(Am) | N.C.(Am) | N.C.(Am) | N.C.(Am) :‖

    | Am N.C.(Am)| N.C.(Am) | N.C.(Am) | N.C.(Am)   ‖ *To fade*
    Flash.

Flick Of The Wrist

Words & Music by Freddie Mercury

G   Gdim7   Gsus²/₄   C   Cdim7   Csus²/₄   F/C

A5   Dm/A   B   Em   D   B5   E5

D♯5   Am   C   G/B   Am7   A/C♯   Am*   G5

Intro

| G | Gdim7 | Gsus²/₄ | G | |

| C | Cdim7 | Csus²/₄ | C F/C |

| C | Cdim7 | Csus²/₄ | C F/C |

| A5 | Dm/A | A5 | Dm/A ‖

           B
Verse 1   Dislocate your spine if you don't sign he says,

I'll have you seeing double.

Em   D
Mesmerise you when he's tongue-tied,

Em   D
Simply with those eyes,

Em   D
Synchronise your minds and see

      A5   B5
The beast within him rise.

           E5 D♯5 E5   D♯5 B5
Pre-chorus 1 Don't look back, don't look back, it's a rip-off.

46

Chorus 1

Am   **D**
Flick of the wrist and you're dead baby,

G   **C***   **G/B**
Blow him a kiss and you're mad.

Am7
   Flick of the wrist, he'll eat your heart out,

A dig in the ribs and then a kick in the head.

He's taken an arm and taken a leg,

C* **A/C♯** **D**   **Em**
All this   time honey,

               (Am*)
Baby, you've been had.

Link 1 | **Am*** | **Am*** | **Am*** | **Am***   ‖

Verse 2

B
Intoxicate your brain with what I'm saying,

If not you'll lie in knee-deep trouble.

Em   **D**
Prostitute your - self he says,

        Em   **D**
Cas - trate your human pride.

Em   **D**
Sacrifice your leisure days,

       A5   **B5**
Let me squeeze you till you've dried.

             E5   **D♯5** **E5**   **D♯5** **B5**   **(G5)**
Pre-chorus 2 Don't look back, don't look back, it's a rip-off.

Guitar solo | **G5** | **G5** **C*** | **G5** | **G5** **C*** |

               | **G5** | **G5** **C*** | **G5** | **G5** |

               | **Em** | **Em** | **Em** | **Em** |

               | **Em** | **Em** | **C** **A/C♯** | **D** |

               | **C** **A/C♯** | **D** | **C** **A/C♯** | **D** **Em** | **N.C.**   ‖

Verse 3

B
Work my fingers to my bones, I scream with pain,

         A   **B**
I still make no im - pression.

    Em   **D**
Se - duce you with his money-make machine,

Em   **D**
Cross-collateral - ize.

    Em   **D**
Re - duce you to a muzak-fake machine,

Em   **D**
Then the last good - bye,

It's a rip-off.

Chorus 2

Am   **D**
Flick of the wrist and you're dead baby,

G   **C***   **G/B**
Blow him a kiss and you're mad.

Am7
   Flick of the wrist, he'll eat your heart out,

A dig in the ribs and then a kick in the head.

He's taken an arm and taken a leg,

C* **A/C♯** **D**   **Em**
All this   time honey,

N.C.
Baby you've been had.

Friends Will Be Friends

Words & Music by Freddie Mercury & John Deacon

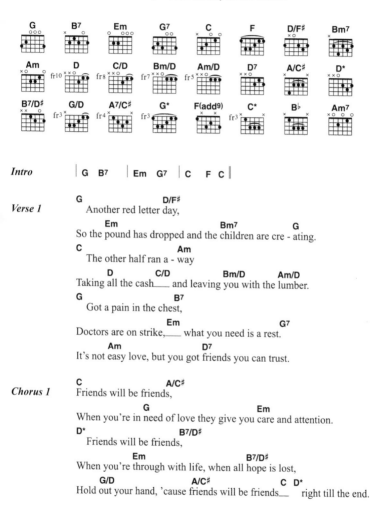

Intro | G B7 | Em G7 | C F C ‖

Verse 1
    G   D/F♯
    Another red letter day,
    Em   Bm7   G
So the pound has dropped and the children are cre - ating.
C   Am
    The other half ran a - way
        D   C/D   Bm/D   Am/D
Taking all the cash___ and leaving you with the lumber.
    G   B7
    Got a pain in the chest,
                    Em   G7
Doctors are on strike,___ what you need is a rest.
        Am   D7
It's not easy love, but you got friends you can trust.

Chorus 1
    C   A/C♯
Friends will be friends,
             G   Em
When you're in need of love they give you care and attention.
D*   B7/D♯
    Friends will be friends,
        Em   B7/D♯
When you're through with life, when all hope is lost,
      G/D   A/C♯   C D*
Hold out your hand, 'cause friends will be friends___ right till the end.

Guitar solo 1 | G B7 | Em G7 | C Am $\frac{2}{4}$| F C ‖

Verse 2

G   D/F#
Now it's a beautiful day,

   Em   Bm7   G
The postman delivered a letter from your lover.

C   Am
   Only a phone call a - way,

       D   C/D   Bm/D   Am/D
You tried to track him down___ but somebo - dy stole his number.

G   B7
   As a matter of fact,

              Em   G7
You're getting used to life   without him in your way.

        Am   D*
It's so easy now, 'cause you got friends you can trust.

Chorus 2

C   A/C#
Friends will be friends,

            G   Em
When you're in need of love they give you care and attention.

D*   B7/D#
   Friends will be friends,

          Em   B7/D#
When you're through with life, when all hope is lost,

     G/D   A7/C#   C D*
Hold out your hand, 'cause friends will be friends___ right till the end.

Interlude   ‖: G* F(add9) | C* B♭   :‖

Guitar solo 2 | G D/F# | Em Bm7 G | C Am |

| D C/D Bm/D Am/D | Em Bm7 G | G B7 | Em (G7) |

Link

        Am7   D*
It's so easy now, 'cause you got friends you can trust.

Chorus 3

C   A7/C#
Friends will be friends,

                G   Em
When you're in need of love they give you care and attention.

D*   B7/D#
   Friends will be friends,

              Em   B7/D#
When you're through with life, when all_____ hope is lost,

      G/D
Hold_____ out your hand,

A7/C#   C   D*
Friends will be friends_____ right till the end.

Chorus 4

C   A7/C#
Friends will be friends,

                G   Em
When you're in need of love they give you care and attention.

D*   B7/D#
   Friends will be friends,

              Em   B7/D#
When you're through with life, when all hope is lost,

G/D   A/C#   C
Hold out your hand, 'cause right till the end.

D*
   Friends will be friends.

Outro
Guitar solo

‖: C   A7/C# | G   Em | D* B7/D# | Em B7/D# |

| G/D A/C# | C | D   :‖ *Repeat to fade*

Get Down, Make Love

Words & Music by Freddie Mercury

E♭5   D♭5/E♭   A♭5   G   Gsus4   E5

Intro | E♭5 | E♭5 | E♭5 | E♭5 |

Chorus 1
E♭5
Get down, make love.

        D♭5/E♭ A♭5
Get down,   make love.

E♭5   D♭5/E♭
Get down, make love.

E♭5   D♭5/E♭ A♭5
Get down, make love.

Verse 1
E♭5 D♭5/E   E♭5 D♭5/E♭ A♭5
  You take my body,   I give you heat.

E♭5 D♭5/E   E♭5 D♭5/E♭ A♭5
  You say you hungry,   I give you meat.

E♭5 D♭5/E   E♭5 D♭5/E♭ A♭5
  I suck your mind,   you blow my head.

E♭5 D♭5/E   E♭5 D♭5/E♭ A♭5
    Make love in - side your bed.

Chorus 2
(A♭5)   E♭5   D♭5/E
Everybody get down, make love.

E♭5   D♭5/E A♭5
Get down,   make love.

E♭5   D♭5/E
Get down, make love.

E♭5   D♭5/E A♭5
Get down, make love.

Bridge 1

     G   Gsus⁴   G

Every time I get hot, you wanna cool down.

             Gsus⁴   G

Every time I get high, you say you wanna come down.

            Gsus⁴   G

You say it's e - nough, in fact it's too much.

                     N.C.

Every time I get a,

G N.C.   **G N.C.**

Get down,   get down.

G N.C.

Get down, make love.

Link

‖: E♭5 D♭5/E♭ | D♭5/E♭ | E♭5 D♭5/E♭ A♭5 | A♭5 :‖

Verse 2

E♭5   D♭5/E   E♭5   D♭5/E A♭5

(Get down) I can squeeze, (Make love) you   can shake me.

E♭5   D♭5/E   E♭5   D♭5/E A♭5

(Get down) I can feel (Make love) when you break me.

E♭5   D♭5/E   E♭5 D♭5/E A♭5

(Get down)   Come on so hea - vy

E♭5   D♭5/E   E♭5

(Get down) When you take me. (Make love)

D♭5/E A♭5   E♭5

        You can make love, you can make love,

               D♭5/E   E♭5

You can make love, you can make love. (Make love)

D♭5/E A♭5   E♭5   D♭5/E

        You can make everybody get down, make love,

E♭5   D♭5/E   A♭5

Get down, make   love.

	G	Gsus4	G
Bridge 2	Every time I get high, you wanna come down.

Gsus4   G
Every time I get hot, you say you wanna cool down.

Gsus4   G
You say it's e - nough, in fact it's too much.

N.C.   G N.C. G N.C.   G N.C.
Every time I wanna get down,   get down,   get down.

Interlude   ‖: E5 | E5 | E5 | E5   :‖ *Play 6 times ad lib.*

Chorus 3   As Chorus 1

G   Gsus4   G
Bridge 3   Every time I get hot, you wanna cool down.

Gsus4   G
Every time I get high, you say you wanna come down.

Gsus4   G
You say it's e - nough, in fact it's too much.

N.C.   G N.C.   G N.C.
Every time I wanna get down,   get down,   get down, make love.

Good Company

Words & Music by Brian May

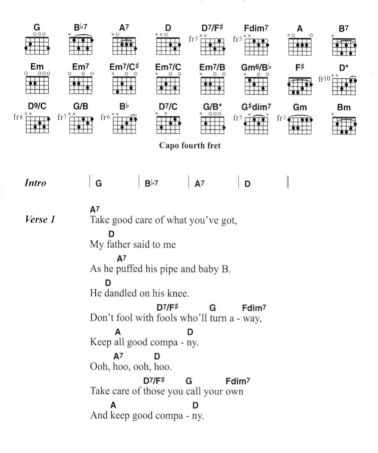

Capo fourth fret

| *Intro* | | G | B♭7 | A7 | D | |

Verse 1

A7
Take good care of what you've got,

D
My father said to me

A7
As he puffed his pipe and baby B.

D
He dandled on his knee.

D7/F♯   G   Fdim7
Don't fool with fools who'll turn a - way,

A   D
Keep all good compa - ny.

A7   D
Ooh, hoo, ooh, hoo.

D7/F♯   G   Fdim7
Take care of those you call your own

A   D
And keep good compa - ny.

Verse 2
A7
Soon I grew and happy too,
D
My very good friends and me,
A7
We'd play all day with Sally J.
D
The girl from number four.
D7/F♯ G   **Fdim7**
Very soon I begged her, won't you
A   **D**
Keep me compa - ny.
A7   **D**
Ooh, hoo, ooh, hoo.
A7   **D**
Ooh, hoo, ooh, hoo.
D7/F♯ G   **Fdim7**
Come marry me for ever - more we'll
A   **D**
Be good compa - ny.

Link 1 | **G** | **B♭7** | **A7** | **D**   ‖

Bridge 1
B7   **Em**
Now marriage is an institution sure,
A   **D**   **B7**
My wife and I, our needs and nothing more.
Em7   **Em7/C♯**   **Em7/C**   **Em7/B**
All my friends by a year, by and by disap - peared,
Gm6/B♭   **D**   **Gm6/B♭**   **D**
But we're safe enough be - hind our   door.

Verse 3
A7
I flourished in my humble trade,
D
My reputation grew.
A7
The work devoured my waking hours,
D
But when my time was through,
D7/F♯ G   **Fdim7**
Reward of all my efforts my own
A   **D**
Limited compa - ny.

Instrumental 1	**A⁷**		**A⁷**		**D**		**D**	
	A⁷		**A⁷**		**D**		**D**	
	D* **D9/C**		**G/B** **B♭**		**A⁷**		**D**	‖

Bridge 2

      D   **D⁷/C**   **G/B*** **G♯dim⁷** **A**   **Gm** **Bm**
I hardly noticed Sally as we   parted compa - ny.

Em⁷   **Em⁷/C♯**   **Em⁷/C**   **Em⁷/B**
All through the years in the end it ap - pears

        Gm   **D**   **Gm**   **F♯**
There was never really any - one but me.

Verse 4

A⁷
Now I'm old I puff my pipe,

    D
But no one's there to see.

 A⁷
I ponder on the lesson of

    D
My life's insanity.

          D⁷/F♯   **G**   **Fdim⁷**
Take care of those you call your own

     A   **D**
And keep good compa - ny.

Instrumental 2	‖: **A⁷**		**A⁷**		**D**		**D**	
	A⁷		**A⁷**		**D**		**D**	
	D **D⁷/F♯**		**G** **Fdim⁷**		**A**		**D**	:‖
	G		**B♭⁷**		**A⁷**		**D**		**D**	‖

Good Old Fashioned Lover Boy

Words & Music by Freddie Mercury

Verse 1

E♭
I can dim the lights and sing you songs
                                    A♭

            Gm   Cm
Full of sad___   things.

Fm7   B♭7   E♭   B♭7
We can do the tango just for two.

E♭
I can serenade and gently play
                         A♭

            Gm   Cm
On your heart___   strings,

Fm7   A♭m B♭7   E♭   B♭7
Be your Valen - tino just for you.

Chorus 1

E♭   B♭7/D Cm
Ooh, love,   ooh,

Gm   A♭ E♭
Lov - er   boy,

B♭7/D   Cm   G7/B
  What you doing tonight?___ Hey boy.

Cm   Gm   Cm   Gm
Set my alarm,___ turn on___ my charm,

                Fm7   A♭m   B♭7   E♭
That's be - cause I'm a good old - fashioned lover boy.

© Copyright 1976 Queen Music Limited.
EMI Music Publishing Limited.
All Rights Reserved. International Copyright Secured.

58

Verse 2

A♭m   E♭/G
Ooh, let me feel your heartbeat. (Grow faster, faster.)

A♭m G♭7   C♭
(Ooh,) Can you feel my love heat?

G♭7   C♭   G♭7
 Come on and sit on my hot___ seat of love

       C♭   B♭7   E♭
And tell me how___ do you feel___ right after all.

          A♭   Gm   Cm
I'd like for you and I___ to go ro - mancing,

Fm7   A♭m B♭7   E♭ B♭
Say the word, your wish is my command.

Chorus 2

E♭ B♭7/D Cm
Ooh, love, ooh,

Gm A♭ E♭
Lov - er boy,

B♭7/D   Cm   G7/B
 What you doing tonight?___ Hey boy.

Cm   Gm Cm   Gm
Write my letter, feel much better

   Fm7   A♭m   B♭7   E♭
And use my fancy patter on the telephone.

Bridge

When I'm not with you,

        E♭/F   B♭7
⎰ Think of you always, I miss you.
⎱   (I miss those long hot summer nights.)

E♭   B♭m7
When I'm not with you, think of me always,

F7   N.C.
Love you, love you.

Chorus 3

Fm^7
Hey, boy, where d'you get it from?

Hey, boy, where did you go?

                A♭m   B♭7   (E♭)
I learned my passion in the good old-fashioned school of lover boys.

Guitar solo

| E♭   B♭/D | Cm Gm A♭ | E♭   B♭/D | Cm   G7/B |

| Cm Gm Cm Gm | Fm   A♭ | Gm   A♭m7 | E♭ B♭/D Cm Gm |

| Fm^7 A♭   B♭7 ‖

Verse 3

E♭   A♭   Gm Cm
Dining at the Ritz, we'll meet at nine___ pre - cise - ly,
Fm^7 B♭7   E♭ B♭7
I will pay the bill, you taste the wine.
E♭   A♭   Gm   Cm
Driving back in style in my saloon,___ will do quite nicely.
      Fm^7 A♭m   B♭7   E♭
Just take me back to yours,___ that will be fine.
           B♭
Come on and get it.

Outro chorus

E♭   B♭7/D
Ooh, love, there he goes again.
Cm   Gm   A♭   E♭
There's my old - fashioned lover boy.
B♭7/D   Cm   G7/B
   What you doing tonight?___ Hey boy.
      Cm   Gm   Cm   Gm
Every - thing's all right, just hold on tight,
         Fm^7 A♭m   B♭7
That's be - cause I'm a good old___ (Fashioned) fashioned
       E♭ B♭ E♭
Lover boy.

Hammer To Fall

Words & Music by Brian May

Intro

| A D/A A | A D/A A | A D/A E/A | E/A A D/A A |

| A D/A A | A D/A A | A D/A E/A | E/A A |

Verse 1

   A   D/A   A   D/A A
Here we stand   and here we fall,

        D/A   E/A   A   D/A   A
His - tory won't___ care at all.

          D/A A   D/A   A
Make the bed,   light the light, yeah!

          D/A   E/A   A   D/A
Oh, la - dy of mercy won't be home tonight. Yeah!

Chorus 1

     A*   E/A   D/A A
(You don't waste no time___ at all.)

        D/A   A   D/A A
Don't hear the bell but you an - swer the call.

     A*   E/A D/A   A
(Comes to you as___ to us all.) Yeah!

        D/A   A   D/A   A
We're just wait - ing for the ham - mer to fall. Yeah!

| A D/A A | A D/A A | A D/A E/A | E/A A D/A A |

Verse 2

     A   D/A A   D/A A
Oh, every night   and every day,

      D/A   E/A   A   D/A
A lit - tle piece of you is falling away.

A   D/A A   D/A   A
But lift your face   the west - ern way,

      D/A   E/A   A   D/A
Build your muscles as your body de - cays. Yeah!

Chorus 2

A*   E/A   D/A A
(Toe your line and play   their game.) Yeah!

D/A   A   D/A A
Let the anaesthetic co - ver it all.

A*   E/A   D/A   A
(Till one day they___ call your name.)

         D/A A   D/A   A
You know it's time for the ham - mer to fall. Yeah!

| A D/A A | A D/A A | A D/A E/A | E/A A | ‖

Bridge

E5   F#5
Rich or poor or famous

        E/G#   A
For your truth it's all the same.

D   A5 G5 D   G5 D
(Oh, no, oh, no.)___ Oh!

E5   F#5   E/G#   A5
Lock your door but rain is pouring through your window pane.

D E5   E/G#   A5   E5
(Oh, no.) Yeah! Baby now your struggle's all in vain. Yeah, yeah!

Guitar solo

‖: A* E/A D/A | D/A A | A D/A A | D/A A :‖

| Asus4 A A5 $\frac{3}{4}$ | Asus4 A Asus4 A $\frac{4}{4}$ | D | D | ‖

Verse 3

```
          A        D/A          A      D/A
      For we who grew up tall___ and proud,
          A        D/A             E/A        D/A   A
        In the shadows of the mushroom cloud
                       D/A        A      D/A
      Convinced our voices can't___ be heard,
          A        D/A             E/A       A        D/A
        I just wanna scream it louder and louder and louder.
```

Chorus 3

```
          A*        E/A      D/A    A
        (What the hell we fight - ing for?)
             D/A    A          D/A   A
        Just sur - render and it won't hurt at all.
          A*            E/A    D/A  A
        (You just got time to say   your prayers,)
                       D/A    A          D/A    A
        While you're wait - ing for the ham - mer to, hammer to fall.
```

Outro

```
          A        D/A
        Hey!    Yes!
          A D/A   E/A      A
          It's going to fall. Right?
          D/A          A D/A
        Hang on.       You know.
          A D/A     E/A            A
          Yeah, hammer to fall.
          D/A      A D/A  A D/A E/A A  A
        Woo!                        Hammer.
          D/A            A  D/A   A  D/A   E/A  A
        Hey, yeah,      hey,      woo!
          D/A N.C.  A D/A N.C.
          Ha!        Ha!
          A        D/A          A      D/A  A          A5
        While you're waiting for the ham - mer to fall.
```

Give it to me one more time!

Headlong

Words & Music by Brian May, Freddie Mercury, John Deacon & Roger Taylor

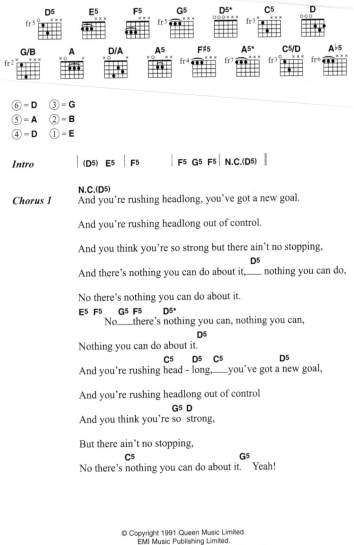

⑥ = **D**   ③ = **G**

⑤ = **A**   ② = **B**

④ = **D**   ① = **E**

Intro | (D5) E5 | F5 | F5 G5 F5 | N.C.(D5) ‖

N.C.(D5)

Chorus 1   And you're rushing headlong, you've got a new goal.

And you're rushing headlong out of control.

And you think you're so strong but there ain't no stopping,

                                                D5
And there's nothing you can do about it,___ nothing you can do,

No there's nothing you can do about it.

E5 F5   G5 F5   D5*
   No___there's nothing you can, nothing you can,

                         D5
Nothing you can do about it.

            C5   **D5** **C5**   **D5**
And you're rushing head - long,___you've got a new goal,

And you're rushing headlong out of control

                   G5 D
And you think you're so strong,

But there ain't no stopping,

           C5   **G5**
No there's nothing you can do about it.   Yeah!

Interlude 1 | D5 | D5 E5 | F5 G5 E5 F5 G5 E5 F5 D5* |

      | E5 F5 G5 E5 F5 G5 E5 F5 | G5 E5 F5 G5 |

      | G5   E5 D5* | D5   ‖

        D5
Verse 1 Hey, he used to be a man with a stick in his hand.
        C5   G/B   C5
        (Hoop diddy diddy, hoop diddy do.)
        D5
        She used to be a woman with a hotdog stand.
        C5   G/B
        (Hoop diddy diddy.) Hoop diddy do.

        A   D/A
Pre-chorus 1 Now you got soup in the laundry bag.
        A5   D/A
        Now you got strings you're gon - na lose your rag.
        A   G5
        You're getting in a fight then it ain't so groovy
            F♯5
        When you're screaming in the night,
          A5*   G5 F5 D5*
        "Let me out of this cheap 'B' movie."

        G5 D
Chorus 2 Head - long down the highway,
              G5 D*   F5 D5*
        And you're rushing head - long out of con - trol
        F5 D5* F5 D5*   G5 D   G5   F5
          And you think you're so strong but there ain't no stop - ping,
           G5 D5*   F5
        And you can't stop rocking and there's nothing you can,
           G5
        Nothing you can, nothing you can do about it.

        ‖: D5 | D5 | D5 | D5 :‖

Verse 2

D5
When a red hot man meets a white hot lady,

C5   **G/B**
(Hoop diddy diddy, hoop diddy do.)

   C5   **D5**
Oh, soon the fire starts a-raging, gets 'em more than half crazy.

C5   **G/B**
(Hoop diddy diddy, hoop diddy do.)

Pre-chorus 2

     A   **D/A**
Oh,___ now they start freaking every way you turn.

   A5   **D/A**
You can't stop walking 'cause your feet got burned.

   A   **G5**
It ain't no time to figure wrong from right,

   F#5   **A5**
'Cause reason's out the window, better hold on tight.

Chorus 3

         G5   **D**   **E5 G5 F5 D5* F5 D5***
You're rushing head - long,

G5   **D**   **E5 F5 D5***   **E5 F5 G5**
Head - long,   yeah.

F5 **D5***   **G5 D5***
You think you're so   strong,

    E5   **F5**   **G5 E5 F5 G5**   **E5**
But there ain't___ no___ stop - ping,

F5 **D5***   **F5**   **G5** **D5*** **F5**   **G5 D5***
And there's noth - ing you, noth - ing you,

F5   **G5 D5* F5 G5 D5* G5**   **F5 D5***
Noth - ing you can do a - bout it at all.

Interlude 2

| **D5** | | **D5**   **G5** | **F5 G5 D5* F5 G5 F5** |

| **G5 F5 G5 F5 G5 F5** | **G5 F5 G5 F5 G5** | |

| **F5 G5 F5 G5 F5 D5*** | **D5*** | **D5*** | |

| **D5** | **G5** | **D5** | **D5** |

| **D5** | **D5** | **D5** | **D5** |

Guitar solo | D5 | D5 | C5 | G/B |

| D5 | D5 | C5 | G/B |

| A5 | G5 | A5 | G5 D G5 |

| A5 | G5 | N.C. E5 | F♯5 ‖

A5*   **G5**   **D5***   **G5**   **F5**

Outro chorus   And you're rushing head - long down the high - way,

D5* F5   **G5**   **D**   **F5 G5**

   And you're rushing head - long out of control.

F5 D5* F5   **D5***   **G5 D5***

     And you think you're so strong,

    E5   **F5**   **E5 F5 D5***   **F5**

But there ain't no___ stop - ping,

D5*   **F5**   **N.C.**   **G5**   **N.C.(D5)**   **D5***

There's nothing,   nothing, nothing you can do about it,__ yeah.

G5   **F5 G5 F5 D5* D5**

(Ooh._____) Ha, ha. Headlong.

| D5   C5   D5* | A5 A♭5 G5 F5   D5* | D5 C5 |

                     (Rushing, rushing)

A5*   **G5**   **E5 G5**   **F5**   **D5* D5**   **C5 E5**

(Rushing, rush - ing,   rushing, rush - ing, rushing`,

         A5* G5 F5 G5   **F5 D5* G5 D5**   **C5**

Rush - ing,   rush - ing,   head - long.)

| D5* E5 F5 G5 E5 F5 G5 E5 | F5   G5 E5 F5 G5 E5 F5 G5 |

           Head - long,

| F5 G5 F5 G5 F5 G5 | F5 G5 F5 D5* | D5*   ‖

                   Head - long.

Heaven For Everyone

Words & Music by Roger Taylor

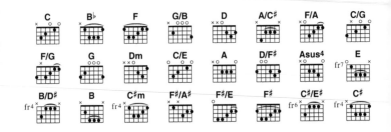

Intro

    C   B♭ F
This could be heaven,

                  B♭
This could be heaven,

C
This could be heaven,

                  B♭
This could be heaven,

F
This could be heaven for everyone.

Verse 1

B♭   C   B♭   F
In these days of cool____ re - flection,

    B♭   C   B♭   F
You come to me and everything seems all right.

    B♭   C   B♭   F
In these days of cold____ af - fections,

     B♭   C   B♭   F
You sit by me and everything's fine.

Chorus 1

C   G/B
This could be heaven for everyone,
     D   A/C#
This world could be fed, this world could be fun.
C   G/B
This could be heaven for everyone,
     D   A/C#
This world could be free, this world could be one.

Link 1

| C | C B♭ | F | ‖

Verse 2

B♭   C   B♭   F
  In this world of cool___ de - ception,
B♭   C   B♭   F
Just your smile can smooth my ride.
     B♭   C   B♭   F
These troubled days of cruel___ re - jection,
     B♭   C   B♭   F
You come to me, soothe my troubled mind.

Chorus 2

(F) C   G/B
Yeah, this could be heaven for everyone,
     D   A/C#
This world could be fed, this world could be fun.
C   G/B
This should be love for everyone,
     D   A/C#
This world should be free, this world could be one.
C   G/B
We should bring love to our daughters and sons,
B♭   F/A   C/G   F/G G F
Love, love, love, love, this could be heaven for ev - 'ry - one.

Bridge 1

G
  You know that
Dm   C/E   F   G
  This could be heaven for every - one.
Dm   C/E   D
  This could be heaven for every - one.

Link 2	D	D C	G	G	
Guitar solo	D	A/C♯ A	D D/F♯	Asus4 A	
	E	B/D♯ B	E C♯m	F/A♯ F♯/E	

Bridge 2

```
(F♯/E)       D                   A/C♯
Listen, what people do to other souls,
     E                    B/D♯
They take their lives, de - stroy their goals.
      F♯               C♯/E♯
Their basic pride and dignity
   E                    B/D♯
Is stripped and torn and shown no pity,
     D                          E      F♯
When this should be heaven for every - one.
```

Outro

```
   C♯                     B    F♯                         B
𝄆 This could be heaven.        This could be heaven.     𝄇
```

Play 6 times ad lib.

```
B             C♯
  For every - one.
```

I Want It All

Words & Music by Brian May, Freddie Mercury, John Deacon & Roger Taylor

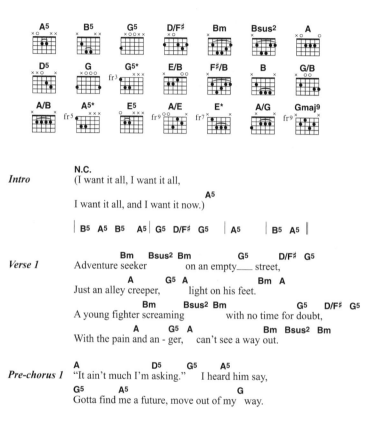

Intro

         N.C.
(I want it all, I want it all,

                                      A5
I want it all, and I want it now.)

  | B5 A5 B5   A5 | G5 D/F♯ G5 | A5 | B5 A5 ‖

Verse 1

              Bm   **Bsus2 Bm**   **G5**   **D/F♯ G5**
Adventure seeker   on an empty____ street,

               A   **G5 A**   **Bm A**
Just an alley creeper,   light on his feet.

                 Bm   **Bsus2 Bm**   **G5**   **D/F♯ G5**
A young fighter screaming   with no time for doubt,

              A   **G5 A**   **Bm Bsus2 Bm**
With the pain and an - ger,   can't see a way out.

Pre-chorus 1

  A   **D5**   **G5**   **A5**
"It ain't much I'm asking."   I heard him say,

G5   **A5**   **G**
Gotta find me a future, move out of my way.

Chorus 1

    A5 **B5** **Bm** **A** **Bm**
I want it   all,

        G   **D/F♯** **G**
I want it all,

        A   **G** **A**
I want it all,

            Bm **A**
And I want it now.

      Bm **A** **Bm**
I want it all,

        G   **D/F♯** **G**
I want it all,

        A   **G** **A**
I want it all,

           Bm
And I want it now.

Verse 2

  A   **B5**   **G5***
    Listen all you peo - ple, come gather round.

         A5   **B5**   **A5**
I gotta get me a game plan, gotta shake,— you to the ground.

    B5   **G5***
But just give me, oh, what I know is mine,

          A5   **B5**
People do you hear me? Just then give me the sign.

Pre-chorus 2

  A   **D5** **G**   **A**
It ain't much I'm asking,   if you want the truth.

G   **A**   **G**
Here's to the future for the dreams of youth. Hey!

Chorus 2

    A5 **B5** **Bm** **A** **Bm**
(I want it   all,

        G   **D/F♯** **G**
I want it all,

        A   **G** **A**
I want it all,

            Bm **A**
And I want it now.

      Bm **A** **Bm**
I want it all,

        G   **D/F♯** **G**
I want it all,

        A   **G** **A**
I want it all,

And I want it...)

Bridge

   B5   **E/B** **F♯/B** **B**
Now.___   I'm a man with a one track mind,

E/B   **F♯/B**
So much to do in one lifetime.

B   **E/B**   **F♯/B**
  Not a man for compromise and wheres and whys and living lies.

    G/B
So I'm living it all, yes I'm living it all,

    A/B
And I'm giving it all, and I'm giving it all. Ooh! Yeah!

Guitar solo
B5	**G5***	**A5***	**E5**	
B5	**G5***	**A5***	**E5**	
Bm A/B Bm	**G D/F♯ G**	**A**	**A/E E***	
Bm	**G**	**A**	**G D/F♯ G D/F♯** ‖

Pre-chorus 3

  A/G   **D/F♯**   **G**   **A**
  It ain't much I'm asking, if you want the truth.

G   **A**   **G**
Here's to the future, hear the cry of youth.

Chorus 3

        N.C.
(I want it all, I want it all,

                 A5
I want it all, and I want it now.

      Bm A Bm
I want it all,

      G D/F♯ G
I want it all,

      A G A
I want it all,

        Bm A
And I want it now.)

| **Bm A Bm** | **G D/F♯ G** | |

A G A   **Bm A Gmaj9**
  (And I want it   now.) I want it, I want it.

73

I Want To Break Free

Words & Music by John Deacon

Chord diagrams: E, A, Asus4 (fr5), A* (fr5), D, B (fr7), Bsus4 (fr7), E5 (fr7), A5, B5, C#5 (fr4), F#sus4, F#, E5* (fr9), E/B (fr9), A** (fr6), A6

| *Intro* | | E   A E | E   A E | Asus4 A* D A* | A*   D A* |

| | E   A E | E   A E | B   Bsus4 B | A*   D A* ‖ |

Chorus 1

     E N.C.   **E5**
I want to break free. I want to break free.

I want to break free from your lies,
                          A5
You're so self satisfied, I don't need you
               E5
I've got to break free
      B5   **A5**   **E5**
God knows, God knows I want to break___ free.

Verse 1
      E N.C.   **E⁵**
         I've fallen in love, I've fallen in love for the first time,
                          A⁵
And this time I know it's for real.
         E⁵
I've fallen in love,___ yeah.
  B⁵   **A⁵**   **E⁵**
God knows, God knows I've fallen in love.

Chorus 2
      B⁵   **A⁵**
It's__ strange but it's true. Hey, yeah!
B⁵   **A⁵**
I can't get over the way you love me like you do,
     C♯⁵   **F♯sus⁴**   **F♯**
But I have to be sure when I walk out the door.
A⁵   **B⁵**   **C♯⁵**   **B⁵**
  Oh, how I want to be free, baby,
A⁵   **B⁵**   **C♯⁵** **B⁵**
  Oh, how I want to be free
    A⁵   **B⁵**   **E⁵***   **N.C.**
Oh,__ how I want to break__ free.

Keyboard solo

E⁵	**E⁵**	**E⁵**	**E⁵**	
A⁵	**A⁵**	**E⁵**	**E⁵**	
B⁵	**A⁵**	**E⁵**	**N.C.**	‖

Interlude

E/B	**E/B A****	**E/B**	**E/B**	
A⁶ **A***	**Asus⁴ A* A⁶**	**E/B**	**E/B**	
B	**A***	**E/B**	**E/B**	
B	**A***	**E/B**	‖	

Verse 2

E N.C.   E5
But life still goes on, I can't get used to livin' without,

                                      A5
Livin' without, livin' without you by my side.

                E5
I don't want to live a - lone.

        B5   A5   E5
Hey, God knows,   got to make it on my___ own.

                          B5 A*   E/B
So, baby can't you see   I've got to break___ free.

Outro

N.C.   E   A E A E A E
  I've got to break free

      A E   A E   A E A E A E
I want to break free,___ yeah.

                A E
I want, I want, I___ want,

                A E A E   A E A E A E
I want to break___   free.   *To fade*

I Was Born To Love You

Words & Music by Freddie Mercury

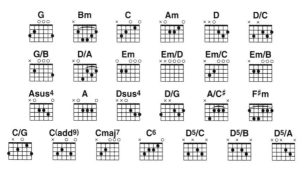

Capo first fret

Chorus 1

      G   Bm   C
I was born to love you

            Am   D
With every single beat of my heart.

          G   Bm   C
Yes, I was born to take care of you

  Am   D
Every single day.

Link 1

| G | G | G | G   ‖

          All right,   hey, hey.

Chorus 2

  G   Bm   C   Bm C
I was born to love you

Bm   Am   D   D/C G/B D/A
  With every single beat of my heart.

         G   Bm   C   Bm C
Yes, I was born to take care of you

Bm Am   D   G
  Every single day of my life.

Verse 1

G
You are the one for me, I am the man for you.

Bm
You were made for me, you're my ecstasy.

C   Am
If I was given every opportunity, I'd kill for your love.

D
So take a chance with me, let me romance with you.

Bm
I'm caught in a dream and my dream's come true.

Em   Em/D   Em/C Em/B
So hard to believe this is happening to me,

Asus4 A   Asus4   A   Dsus4 D
An a - maz - ing feel - ing coming through.

Chorus 3

(D) G   Bm   C   Bm   C
Ooh, I was born to love you

Bm   Am   D   D/C
   With every single beat of my heart.

G/B D/A G   Bm   C   Bm   C
Yeah,_____ I was born to take care of you, honey,

Bm   Am   D   G
   Every single day of my life.

Bridge

G   C
I wanna love you,

G   D/G G
I love every little thing about you.

C   A/C♯
I wanna love you, love you, love you.

G   F♯m
Born to love you, born to love you,

Em
Yes,   I was born to love you.

A   D/A
Born to love you, born to love you,

D   (G)
Every single day, day of my life.

Guitar solo

G	Bm	C	Bm C Bm
Am	Am	D D/C	G/B D/A
Bm	Bm	Em	Em

78

Link 2

        Asus⁴ A   Asus⁴ A   Dsus⁴ D
An a - maz - ing feel - ing coming through.

Chorus 4

(D)   G   Bm   C   Bm   C
Ooh, I was born to love you

Bm   Am   D   D/C
  With every single beat of my heart.

G/B D/A G   Bm   C   Bm   C
Yeah,____ I was born to take care of you

Bm Am   D   G
  Every single day of my life.

      Am   D   G   C/G G
Yeah, I was born to love you

Am   D   N.C.   (G)
Every single day of my life.

Link 3

| **G** | **G** | **G** | **G** | ‖ |

                                      Go.

Outro

G D/G G   D/G G D/G G
      Woo,   I   love you babe,

D/G G   D/G G D/G G
    Hey.   Born to love you.

D/G G   D/G G   D/G G
      Yes, I was born to   love you,

D/G G   D/G G D/G G
    Hey.

C C(add⁹) C   Cmaj⁷   C⁶ C   D   D⁵/C D⁵/B D⁵/C D⁵/A
       I wanna love you, love you, love you,

      G D/G G   D/G G D/G G
I wanna love   you.

G   D/G G   D/G G D/G G
  Hey,   yeah.

      A   D/A   A   D/A A D/A A
Ha ha ha ha ha it's ma - gic.

     D/A   A   D/A
What,   ha ha ha.

A D/A A C   C(add⁹) C   C(add⁹) C⁶   C D
I   get so lonely, lonely,   lonely, lonely,   yeah.

       G   Bm
I want to love you.

     C
It's ma - gic.

      Bm   C   Bm
Love you, love you.

C   D
Yeah, give it to me.   *To fade*

79

I'm Going Slightly Mad

Words & Music by Brian May, Freddie Mercury, John Deacon & Roger Taylor

Dm   Dm/F   Dm/A   Em7♭5   A7/E   F♯7   G

A7   D   Fdim7   F   Em   A♭dim7   Gm6   B7

E   Gdim7   F♯m7♭5   F♯m   B♭dim7   Am7   Em/G   Em/B

Intro | Dm | Dm | Dm/F | Dm/F | Dm/A | Dm/A

Verse 1

Dm
When the outside temperature rises

Em7♭5   **A7/E**
And the meaning is oh, so clear,

Dm
One thousand and one yellow daffodils

Em7♭5   **A7/E**
Begin to dance in front of you, oh dear.

F♯7
Are they trying to tell you something?

             G
You're missing that one final screw.

F♯7
You're simply not in the pink my dear,

G   **A7**
To be honest you haven't got a clue.

Chorus 1

 D   **Fdim7** **Em7♭5**
 I'm going slightly mad,

 D   **Fdim7** **Em7♭5**
 I'm going slightly mad.

   F
It finally happened, happened

   Em
It finally happened, oh, whoa

   F   **A♭dim7** **Gm6**
It finally happened, I'm slightly mad,

Dm
 Oh dear.

Verse 2

Dm
I'm one card short of a full deck,

Em7♭5   **A7/E**
 I'm not quite the shil - ling.

Dm
 One wave short of a shipwreck,

Em7♭5   **A7/E**
I'm not my usual top billing.

F♯7
 I'm coming down with a fever,

  G
I'm really out to sea.

F♯7
 This kettle is boiling over,

 G
I think I'm a banana tree.

A7
 Oh dear.

Chorus 2

 D   **Fdim7** **Em7♭5**
 I'm going slightly mad,

 D   **Fdim7** **Em7♭5**
 I'm going slightly mad.

   F
It finally happened, happened

   Em
It finally happened, uh, huh.

   F   **A♭dim7** **Gm6**
It finally happened, I'm slightly mad._____

Dm
 Oh dear.

81

Guitar solo	D		Fdim7 Em7♭5	D		Fdim7 Em7♭5
	Em7♭5	F		F		Em	
	Em	F		F		A♭dim7	
	Gm6	Dm		

N.C.

Link 1

Ooh, ooh, ah, ah.

Ooh, ooh, ah, ah.

F♯7

Verse 3

    I'm knitting with only one needle,

G

    Unravelling fast it's true.

F♯7

    I'm driving only three wheels these days,

G

    But my dear, how about you?

| *Link 2* | A7 | A7 | B7 | B7 | |

E   **Gdim7**   **F♯m7♭5**

Chorus 3

   I'm going slightly mad,

E   **Gdim7**   **F♯m7♭5**

   I'm going slightly mad.

        G

It finally happened,

       F♯m7♭5

It finally happened, oh yes.

      G   **B♭dim7 Am7**

It finally happened, I'm slightly mad,

      B♭dim7   **Am7**

Just very slightly mad.

Em   **Em/G Em/B**

   And there you have it.

The Invisible Man

Words by Freddie Mercury, Roger Taylor & John Deacon
Music by Brian May, Freddie Mercury, Roger Taylor & John Deacon

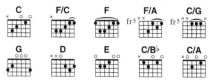

Chord names in parentheses indicate single notes

Chorus 1
N.C.   C N.C.   C
I'm the invisible man, I'm the invisible man,
N.C.   F/C   C N.C.
Incredible how you can see right through me.

Link 1
(Spoken)
| (C) (E♭) | (C) (E♭) | (C) (E♭) |
(C)   (B♭)
Freddie Mercury!

Verse 1
(B♭) (C)   (E♭)   (B♭)   (B♭)
When you hear a sound that you just can't place,
  (C)   (E♭)   (C)   (B♭)
Feel something move that you just can't trace.
   (C)   (E♭) (C)   (B♭)
When something sits on the end of your bed,
   (C)   (E♭)   (C)
Don't turn around when you hear me tread.

Chorus 2
(B♭)   C
 I'm the in - visible man, I'm the invisible man,
      F/C   C
Incredible how you can see right through me.

I'm the invisible man, I'm the invisible man,
        F   C
It's criminal how I can see right through you.

Link 2
(Spoken)
    John Deacon!

Verse 2

(C)   F/A C/G   (C)   F/A C/G
And I'm in your room   and I'm in your bed,

    (C)   F/A C/G   (C)   F/A C/G
And I'm in your life   and I'm in your head.

    (C)
Like the C.I.A. or the F.B.I.,

    (C)   F/A C/G   (C)
You'll never get close,   never take me alive.

Chorus 3

(C)   C
I'm the invisible man, I'm the invisible man,

           F/C   C
Incredible how you can   see right through me.

I'm the invisible man, I'm the invisible man,

           F   C
It's criminal how I can   see right through you.

Bridge

N.C.   G
Hah, hah, hah, hello,

Hah, hah, hah, O.K.

Hah, hah, hah, hello, hello, hello, hello.

    D
Never had a real good friend, not a boy or girl

No-one knows what I've been through, let my flag unfurl

    E
Swore I make my mark from the edge of the world,

From the edge of the world,

           N.C.
From the edge of the world.

| F/A C/G | F/A C/G | F/A C/G | F/A   C/G |

Link 3
(Spoken)
                      Brian May, Brian May!

Guitar solo ‖: (C) (E♭) │ (C) (B♭) │ (C) (E♭) │ (C) (B♭):‖

│ (C) (E♭) │ (C) (B♭) ‖

Verse 3

(B♭)   (C)   (E♭)   (C)   (B♭)
Now, I'm on your track   and I'm in your mind,

     (C)   (E♭)   (C)   (B♭)
And I'm on your back,   but don't look behind.

     (C)   F/A C/G   (C)   F/A C/G
I'm your meanest thought,   I'm your darkest fear,

     (C)   F/A   C/G (C)
But I'll never get caught,   you can't shake me, shake me dear.

Chorus 4

(C)   C   C/B♭
I'm the in - visible man, I'm the in - visible man,

      C/A   F   C
Incredible how you can see right through me. (Watch me now)

I'm the invisible man, I'm the invisible man,

           F   C (C)   (B♭)
It's criminal how I can see right through you. (Look at me, look at me)

Link 4
(Spoken)

│ (C) (E♭) │ (C) (B♭) (C)   (E♭) F/C C
                     Roger Taylor!

Outro

│ (C) (E♭) │ (C) (B♭) │

│ (C)   (E♭) │ (C) (B♭) │
  Shake me, shake me, shake me dear.

‖: (C) (E♭) │ (C) (B♭) │ (C) (E♭) │ (C) (B♭):‖ *Repeat to fade*

I'm In Love With My Car

Words & Music by Roger Taylor

D   Em   G   C   A7sus4   B5   C5   fr3

Intro

| D | D | D | D |

| Em | Em |
Ooh._____

Verse 1

G   D   C
The machine of a dream,   such a clean machine.

Em   G   D   C
With the pistons a-pumping   and the hubcaps all gleam.

Em
When I'm holding your wheel,

G
All I hear is your gear.

D
With my hand on your grease gun,

C
Ah, it's like a disease son.

Chorus 1

Em   G
I'm in love with my car,

D   C
Gotta feel for my automobile.

Em   G
Get a grip on my boy racer roll-bar,

D   C
Such a thrill when your radials squeal.

Bridge

B5
Told my girl I'll have to forget her,

C5
Rather buy me a new carburettor.

B5
So she made tracks saying this is the end now,

C5
Cars don't talk back, they're just four-wheeled friends now.

Link

| D | D | D | D | |

Verse 2

Em
When I'm holding your wheel,

G
All I hear is your gear.

D
When I'm cruising in overdrive,

C
Don't have to listen to no run of the mill talk jive.

Chorus 2

Em   G   D
I'm in love with my car, (love with my car)___

                        C
Gotta feel for my automobile.

Em   G   D
I'm in love with my car, (love with my car)___

                        C
String back gloves in my automolove.

Outro

‖: D | D | D | D :‖

| G | A7sus4 | D | ‖

In The Lap Of The Gods
(Revisited)

Words & Music by Freddie Mercury

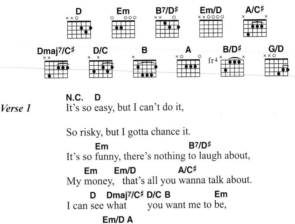

Verse 1

      N.C. **D**
It's so easy, but I can't do it,

So risky, but I gotta chance it.

      Em   **B7/D♯**
It's so funny, there's nothing to laugh about,

    Em   **Em/D**   **A/C♯**
My money,   that's all you wanna talk about.

     D **Dmaj7/C♯** **D/C B**   **Em**
I can see what   you want me to be,

          Em/D A
But I'm no   fool.

Chorus 1

A   **D**   **Dmaj7/C♯ D Bm**
It's in the lap of the Gods,

Em   **Em/D** **Em A/C♯ A**
Whoa, whoa, la la la.

      D   **A**   **B/D♯ Em** **B/D♯ Em G**
I can see what you want me to be,

        G/D A
But I'm no   fool.

Verse 2

          D
No be - ginning, there's no ending,

There's no meaning in my pretending.

      Em   **B7/D♯**
Be - lieve me, life goes on and on and on,

Em   **Em/D**   **A/C♯**
 Forgive me when I ask you where do I belong.

         D Dmaj7/C♯ D/C   **B**   **Em**
You say I can't   set you free from me,

      Em/D A
But that's not   true.

A   D   Dmaj⁷/C♯ D Bm
It's in the lap of the Gods,

Em   Em/D Em A/C♯ A
Whoa, whoa, la la la.

       D A   B/D♯ Em B/D♯ Em G
I can see what you want me to be,

         G/D A
But I'm no fool.

        D   Dmaj⁷/C♯ D Bm
It's in the lap of the Gods,

Em   Em/D Em A/C♯ A
Whoa, whoa, la la la, whoa.

D   A   B/D♯ Em B/D♯   Em   G
Whoa, whoa, la   la, whoa, wah, ooh.

         G/D A
But that's not true,

        D   Dmaj⁷/C♯ D Bm
It's in the lap of the Gods,

Em   Em/D Em A/C♯ A
Whoa, whoa, la la la, whoa.

D   A   B/D♯ Em B/D♯ Em G
Whoa, whoa, la   la, whoa, wah, ooh.

         G/D A
But I'm no fool,

        D   Dmaj⁷/C♯ D Bm
It's in the lap of the Gods.

Em   Em/D Em A/C♯ A
Whoa, whoa, la la la, whoa.

D   A   B/D♯ Em B/D♯ Em G G/D A
Whoa, whoa, la   la, whoa, wah, ooh.

        D   Dmaj⁷/C♯ D Bm
It's in the lap of the Gods.

Em   Em/D Em A/C♯ A
Whoa, whoa, la la la, whoa.

D   A   B/D♯ Em B/D♯ Em G
Whoa, whoa, la   la, whoa, wah, ooh.

         G/D A
But I'm no fool,

        D   Dmaj⁷/C♯ D Bm
It's in the lap of the Gods.

Em   Em/D Em A/C♯ A
Whoa, whoa, la la la, whoa.

D   A   B/D♯ Em B/D♯ Em G G/D A
Whoa, whoa, la   la, whoa, wah, ooh,   ooh, yeah.

Innuendo

Words & Music by Brian May, Freddie Mercury, John Deacon & Roger Taylor

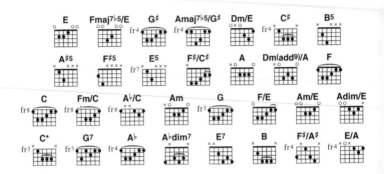

Intro

‖: E   Fmaj7♭5/E | E   Fmaj7♭5/E :‖

| G♯   Amaj7♭5/G♯ | G♯   Amaj7♭5/G♯ |

| G♯   Amaj7♭5/G♯ | G♯   ‖

Verse 1

E   Dm/E   E   Dm/E
Ooh, ooh.

E   Fmaj7♭5/E
While the sun hangs in the sky and the desert has sand,

E   Fmaj7♭5/E
While the waves crash in the sea and meet the land,

G♯   Amaj7♭5/G♯
While there's a wind and the stars

G♯   Amaj7♭5/G♯
And the rainbow,

G♯   Amaj7♭5/G♯   G♯
'Till the mountains crumble into the   plain.

Chorus 1

    C#   N.C.(B5) (A#5) (F#5)
Oh,___ yes, we'll keep on trying,
    C#   E5 N.C.(F#5) (B5)
 Tread that fine line.
    F#/C#   N.C.(B5) (A#5) (F#5)
 Oh, we'll keep on trying,   yeah,
    G#
 Just passing our time.

Verse 2

    E   Dm/E E Dm/E
 Ooh, ooh.
    E   Fmaj7b5/E
 While we live according to race, colour or creed,
    E
 While we rule by blind madness and pure greed,
    G#   Amaj7b5/G# G#
 Our lives dictated by tradition,   super - stition,
           Amaj7b5/G# G#
False religion_____   through the eons
    Amaj7b5/G#   G#
And   on___ and on.

Chorus 2

    C#   N.C.(B5) (A#5) (F#5)
Oh,___ yes, we'll keep on trying,
    C#   E5 N.C.(F#5) (B5)
 We'll tread that fine line.
    F#/C#   N.C.(B5) (A#5) (F#5)
Oh,___ we'll keep on trying,
    G#   A
 Till the end of time, till the end of time.

Interlude | A | Dm(add9)/A | A | Dm(add9)/A ‖

Bridge 1

E   F
Through the sorrow all through our splendor

E   F   C Fm/C
Don't take offense at my   innuendo.

C
Do, do, do, do, do, do, do,

A♭/C
Do, do, do, do, do, do, do,

Do, do, do, do.

Guitar solo 1

$\frac{5}{4}$ Am	G	F	$\frac{3}{4}$ E F/E
E Am/E	E Adim/E	E	E
$\frac{5}{4}$ Am	G	F	$\frac{3}{4}$ E F/E
E Am/E	E Adim/E	E	$\frac{6}{4}$ Am
G	F	$\frac{3}{4}$ E F/E	E Am/E
E Adim/E	E	E	N.C.

Bridge 2

C*
You can be anything you want to be,

  G
Just turn yourself into anything you think that you could ever be.

  Am
Be free with your tempo, be free, be free.

    C*   G7 C* G7 C*
Sur - render your ego, be free,

G7 C*   A♭ A♭dim7 E7
Be free to your - self.

Guitar solo 2

| $\frac{5}{4}$ ‖: Am | G | F | |
| $\frac{3}{4}$ E F/E | E F/E | E | E   :‖ *Play 3 times.* |

Verse 3

E   **Dm/E**   **E**   **Dm/E**
Ooh, ooh.

E   **Fmaj7♭5/E**
If there's a God or any kind of justice under the sky,

E   **Fmaj7♭5/E**   **E**
If there's a point, if there is a rea - son   to live or die,

G♯
If there's an answer to the questions

Amaj7♭5/G♯   **G♯**   **Amaj7♭5/G♯**
     We feel bound to ask,

G♯   **Amaj7♭5/G♯**   **G♯**
Show yourself, destroy your fears,   release___ your mask.

Chorus 3

      C♯   **N.C.(B5)**   **(A♯5)**   **(F♯5)**
Oh, ___yes, we'll keep on trying,   hey,

C♯   **E5**   **N.C.(F♯5)**   **(B5)**
Tread that fine line.

C♯   **N.C.(B5)**   **(A♯5)**   **(F♯5)**
   Yeah, we'll keep_____ on smiling,   yeah,

C♯   **E5**   **N.C.(F♯5)**   **(B5)**   **F♯/C♯**
(Yeah, yeah, yeah.) And what - ever will be   will be.

             B   **F♯/A♯**
(Just keep on trying,   just keep on trying.)

G♯
  Till the end of time, till the end of time,

                E/A
Till the end of time.

Is This The World We Created

Words by Freddie Mercury

Music by Brian May & Freddie Mercury

D   A/D   D7   G/D   B♭   B♭(add9♯11)/F

D*   Bm   A/E   G6   Em7   Dsus4/A   D/A

E7sus4   F♯   F♯7   G   Bm*   F♯m   Bsus2

Tune guitar down one semitone

Intro | D | D A/D | D7 G/D | B♭ B♭(add9♯11)/F | D*

Verse 1

Bm   A/E   G6
Just look at all those hungry mouths we have to feed,

Bm   A/E   Em7
Take a look at all the suffering we breed.

Dsus4/A D/A   E7sus4   Em7
So many lonely faces scattered all a - round,

F♯   F♯7   G   Em7
Searching for what they need.

Chorus 1

(Em7)   D   A/D D
Is this the world we cre - a - ted,

      A/D D A/D D*
What did we do it for?

        Bm*
Is this the world we invaded

F♯m   A
Against the law?

D   A/D
So it seems in the end,

D7   G/D   B♭
Is this what we're all living for to - day,

B♭(add9♯11)/F   D*
The world that we cre - ated?

Verse 2

Bm   A/E   G6
You know that every day a helpless child is born,

Bm   A/E   Em7
Who needs some loving care in - side a happy home.

Dsus4/A   D/A   E7sus4   Em7
Somewhere a wealthy man is sitting on his throne,

F♯   F♯7   G
Waiting for life to go by.

Chorus 2

Em7   D   A/D   D
Oh, is this the world we cre - a - ted?

A/D   D A/D G/D
We made it all   our own.

          Bm*   Bsus2   F♯m   A
Is this the world we devastated, right to the bone?

           A   A/D   D7
If there's a God in the sky looking down,

           G/D   B♭
What can he think of what we've done

       B♭(add9♯11)/F   D*
To the world that he cre - ated?

It's Late

Words & Music by Brian May

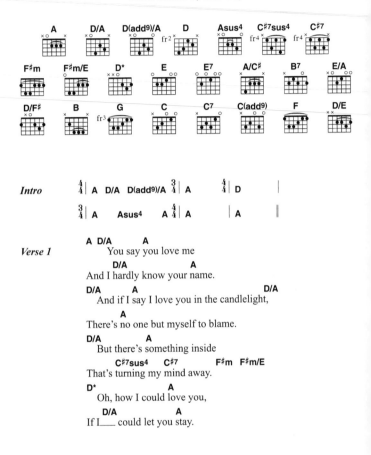

Intro $\frac{4}{4}$| A D/A D(add9)/A $\frac{3}{4}$| A $\frac{4}{4}$| D |

$\frac{3}{4}$| A   Asus⁴   A $\frac{4}{4}$| A | A   ‖

Verse 1

     A D/A   A
         You say you love me

        D/A   A
And I hardly know your name.

     D/A   A   D/A
      And if I say I love you in the candlelight,

            A
There's no one but myself to blame.

     D/A   A
      But there's something inside

        C♯7sus⁴   C♯7   F♯m F♯m/E
That's turning my mind away.

   D*   A
    Oh, how I could love you,

      D/A   A
If I__ could let you stay.

Chorus 1

E   A
(It's late.) But I'm bleeding deep inside,

E   A
(It's late.) Ooh, is it just___ my sickly pride?

E   D*   A   E7   A
(Too late.) Even now___ the feeling seems to steal away.

E   D*   A/C♯   B7   E
(So late.) Though I'm cry - ing, I can't help___ but hear you say,

           A   E/A   D/A
It's late,___ it's late, it's late,

      A   E   A   D/A
But not too late.

Verse 2

A D/A   A   D/A   A
      The way you love me is the sweetest love a - round,

D/A   A   D/A
But after all___ this time, the more I'm trying,

 A
The more I seem to let you down, yeah.

D/A   A
Now you tell me you're leaving,

       C♯7sus4   C♯7   F♯m F♯m/E
And I just can't be - lieve it's true.

     D*   A
Oh,___ you know that I can love you

       D/A   A
Though I know I can't be true.

D/F♯   A
Oh, you make me love you,

     D/A   A
Don't tell me that we are through.

Chorus 2

E   A
(It's late.) And it's driving me so mad.

E   A
(It's late.) Yes, I know but don't try___ to tell me that

    E   D*   A   E7   A
It's too late to save our love, you can't turn out the light.

E   D*   A/C♯   B7   E
(So late.) I've been wrong___ but I'll learn___ to be right.

          A   E/A   D/A
It's late,___ it's late, it's late,

      A   E   A   D/A
But not too late.

Bridge

E7   A E7   A
  I've been so long,   you've been so long,

E7   A   E7   A
  We've been so long   trying to work it out.

E7   A E7   A
  I ain't got long,   you ain't got long,

E7   A   D*   E
  We've gotta know what this life___ is all about.

Guitar solo

| F#m | F#m   B | F#m | | F#m   B |

| F#m | F#m   B | F#m | | F#m   G |

| C | C7 | C(add9) | | C   ‖

‖: C   F | C   F | C   F | C   F :‖

G   D* A   E B E N.C.
  Too late,___   much too late.

Verse 3

A   D/A   A
You're staring at me with sus - picion in your eye.

D/A   A
  You say what a game you're playing,

                      D/A
What's this that you were saying,

A   D/A
I know that I can't reply.

A   C#7sus4   C#7   F#m   F#m/E
If I take you tonight, is it making my life a lie?

D*   A   D/E   A
  Oh, you make me wonder, did I live my life right.

Chorus 3

E   A
(It's late.) Ooh, but it's time to set me free.

E   A
(It's late.) Ooh yes, I know but there's no way it has to be…

E   D*   A   E7   A
(Too late.) So let the fire___ take our bodies this night.

E   D*   A/C♯   B7   E
(So late.) Let the wat - ers take our guilt___ in the tide.

        A   E/A   D/A
It's late,___ it's late, it's late,

    B7   E   C♯7   F♯m   F♯m/E
It's late, it's late, it's late, it's late,

D*   A
  Oh, it's all too late.

Outro

‖: E | E   D* | A | A   :‖ *Play 3 times*

| E | E   D* $\frac{3}{4}$ ‖: A   N.C.| A   N.C.:‖ *Play 4 times*

| A   ‖

99

It's A Hard Life

Words & Music by Freddie Mercury

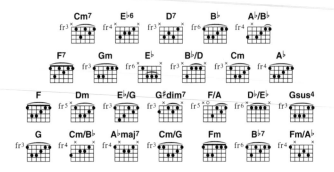

Intro

Cm⁷
I don't want my freedom.

E♭⁶   D7   B♭   A♭/B♭   B♭   A♭/B♭
   There's no reason for living with a broken heart.

Verse 1

B♭   F7   Gm⁷
   This is a tricky situ - ation,

E♭   B♭/D   Cm
   I've only got myself to blame,

          B♭   A♭/B♭
It's just a simple fact of life, it can happen to anyone.

E♭   B♭/D
   You win,   you lose,

Cm   Gm
   It's a chance you have___ to take with love.

E♭   B♭/D
   Oh yeah, I fell in love

        Cm   Gm
And now you say it's over

                          A♭   F
And I'm falling a - part.

Chorus 1

       B♭   Dm   E♭   B♭
It's a hard life, to be true lovers to - gether.

        E♭   B♭   F   E♭/G G♯dim7
To love and live for - ever in each other's hearts.

F/A B♭   Dm   E♭   B♭
It's a long, hard fight to learn to care for each other.

      E♭   B♭   F
To trust in one anoth - er right from the start,

               E♭   D♭/E♭
When you're in love.

Verse 2

B♭   F7   Gm7
  I try and mend the broken pieces.

E♭   B♭/D   Cm
  I try to fight back the tears.

           B♭
They say it's just a state of mind

    A♭/B♭
But it happens to everyone.

E♭   B♭/D
  How it hurts,   deep inside

Cm   Gm
  When your love has cut___ you down to size.

E♭   B♭/D
  Life is tough   on your own,

Cm   Gm   A♭
  Now I'm waiting for something to fall from the___ skies

         F
I'm waiting for love.

Chorus 2

B♭   Dm   E♭   B♭
Yes, it's a hard___ life,   two lovers to - gether.

      E♭   B♭   F   E♭/G G♯dim7
To love and live for - ever in each other's hearts.

F/A B♭   Dm   E♭   B♭
It's a long, hard fight to learn to care for each other.

     E♭   B♭   F
To trust in one anoth - er right from the start,

              E♭   D♭/E♭
When you're in love.

Instrumental	A♭		Gsus⁴ G Gsus⁴ G	Cm Cm/B♭	A♭maj⁷ Cm/G
	E♭ B♭/D	Cm		A♭ E♭/G	Fm
	B♭ B♭7	A♭/B♭ B♭		A♭ E♭/G	Fm Cm
	A♭ E♭/G	Fm Cm		B♭	F

Chorus 3

      B♭   Dm   E♭   B♭
It's a hard life in a world that's filled with sorrow.
         E♭   B♭   F E♭/G G♯dim⁷
There are people searching for love in every way.
F/A B♭   Dm
It's a long, hard fight,
      E♭   B♭
But I'll always live for to - morrow,
      E♭   B♭   F
I'll look back on myself and say___ I did it for love.
          E♭/G   Fm/A♭
Yes, I did it for love, for___ love.
   F/A   B♭ A♭/B♭
Oh,___ I did it for love.

Outro

B♭ A♭/B♭	B♭ A♭/B♭	B♭ A♭/B♭
B♭ A♭/B♭	B♭ A♭/B♭	A♭/B♭

Keep Passing The Open Windows

Words & Music by Freddie Mercury

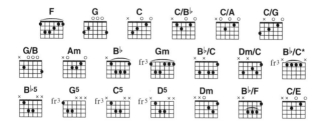

Intro
       F   **G**   **C** **C/B♭ C/A C/G**
This is the only life for me,

       F   **G**   **C** **G/B** **Am**
Surround my - self around my own   fan - tasy.

       B♭
You just gotta be strong and believe in yourself,

     Gm   **C** **B♭/C**
For - get all the sadness 'cause love is all you need.

           C Dm/C B♭/C
Love is all you need.

Link 1
| C   Dm/C | B♭/C | B♭/C C Dm/C | B♭/C C B♭/C C |

| B♭/C* | B♭/C* | C   Dm/C | B♭/C |

| B♭/C C Dm/C | B♭/C C B♭/C C | B♭/C* G5 | C5   G5 |

| D5   G5 | N.C. | G5 | |

Verse 1
    (G5)   **C**
Do you know what it's like to be alone in this world,

                                              B♭
When you're down and out on your luck and you're a failure?

F
  Wake up screaming in the middle of the night,

                                     C
You think it's all been a waste of time, it's been a bad year.

Gm   **Dm**   **B♭**   **C**
  You start be - lieving every - thing's gonna be all right,

Gm   **Dm**   **B♭**   **C**
  Next minute you're down and you're flat on your back.

  F   **G**
A brand new day is be - ginning,

Dm   **G**   **(C)**
Get that sunny feeling and you're on your way.

Chorus 1
C   **Dm/C** **B♭/C** **C**   **Dm/F** **B♭/C** **C** **B♭/C** **C**   **B♭/C***
Just be - lieve, just keep pass - ing the   open windows.
C   **Dm/C** **B♭/C** **C**   **Dm/F** **B♭/C** **C** **B♭/C** **C**   **G5**   **C5 G5 D5 (**
Just be - lieve, just keep pass - ing the   open windows.

Verse 2
    (G5)   **C**
Do you know how it feels when you don't have a friend

                                         B♭
Without a job and no money to spend, you're a stranger?

F
  All you think about is suicide,

One of these days you're gonna lose the fight,

           C
You better keep out of danger, yeah.

Gm   **Dm**   **B♭**   **C**
  That same old feeling just keeps burning deep inside,

Gm   **Dm**   **B♭**   **C**
  You keep telling your - self it's gonna be the end.

  F   **G**
Oh, get yourself to - gether,

Dm   **G**   **(C)**
Things are looking better every - day.

Chorus 2   As Chorus 1

Bridge 1

```
        F              G                  C/B♭ C/A C/G
        This is the only life for me.
        F              G              C    G/B  Am
        Surround my - self around my own fanta - sy.
            B♭
        You just gotta be strong and believe in yourself,
           Gm                                  C
        For - get all the sadness 'cause love is all you need.
```

Chorus 3

```
        C   Dm/C B♭/C C   Dm/C B♭/C  C   B♭/C C    B♭/C*
        Just be - lieve, just keep  pass - ing the   open windows.
        C   Dm/C B♭/C C   Dm/C B♭/C  C   B♭/C C    B♭5 G5
        Just be - lieve, just keep  pass - ing the   open win - dows.
```

Guitar solo

```
| F      | G      | C      | C/B♭ C/A C/G |

| F      | G      | C G/B  | Am     |

| B♭     | B♭     | Gm     | Gm     |

| C Dm/C | B♭/C   | B♭/C C Dm/C | B♭/C C B♭/C C |

| B♭/C C B♭/C C | B♭/C C B♭/C C | B♭/C* | B♭/C* |

| C Dm/C | B♭/C   | B♭/C C Dm/C | B♭/C C B♭/C C |

| B♭/F C/E B♭/F C/E C | B♭/F C/E B♭/F C/E C | C G/B | Am     ‖
```

Bridge 2

```
           B♭
        You just gotta be strong and believe in yourself,
           Gm                          C           B♭/C
        For - get all the sadness 'cause love is all you need, yeah.
                                C
        Love is all you need.
           B♭/C              (C)
        Oh baby, love is all you need.
```

Chorus 4

```
        C   Dm/C B♭/C C   Dm/C B♭/C  C   B♭/C C    B♭/C*
        Just be - lieve, just keep  pass - ing the   open windows.
        C   Dm/C B♭/C C   Dm/C B♭/C  C   B♭/C B♭5 C5 B♭5 C
        Just be - lieve, just keep  pass - ing the   o - pen win - dows.
```

Outro

```
         C   Dm/C B♭/C  C  B♭/C B♭5  C5 B♭5  C
      ‖: Just keep  pass - ing the   op - en win - dows.:‖  Play 8 times to fade
```

105

Keep Yourself Alive

Words & Music by Brian May

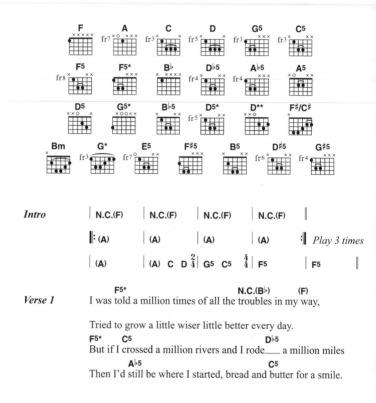

Intro | N.C.(F) | N.C.(F) | N.C.(F) | N.C.(F) ‖

‖: (A) | (A) | (A) | (A) :‖ *Play 3 times*

| (A) | (A) C D 2/4 | G5 C5 4/4 | F5 | F5 ‖

Verse 1

       F5*   N.C.(B♭)   (F)
I was told a million times of all the troubles in my way,

Tried to grow a little wiser little better every day.
F5*   C5   D♭5
But if I crossed a million rivers and I rode___ a million miles
          A♭5   C5
Then I'd still be where I started, bread and butter for a smile.

Verse 2

      F5*   N.C.(B♭)   (F)

Well, I sold a million mirrors in a shop in Alley Way,

But I never saw my face in any window, any day.

F5*   C5   D♭5

Well, they say your folks are telling you, "Be a superstar."

     A♭5   A5

But I tell you just be satisfied and stay right where you are.

Chorus 1

         D5   G5*   D5   A5

(Keep___ yourself alive.) Yeah.___ (Keep yourself alive.)

       D   C♯   B   G
       5fr   4fr   2fr   3fr
       ⑤   ⑤   ⑤   ⑥

Ooh, it'll take you all your time and a-money,

A5   D5

Honey you'll survive.

Interlude

‖: N.C.(A) | N.C.(A) | N.C.(A) | N.C.(A) :‖

| N.C.(A) | (N.C.(A) | N.C.(A) | N.C.(A) C D|

$\frac{2}{4}$| D $\frac{4}{4}$| F5 | F5   ‖

Verse 3

         F5*   N.C.(B♭)   (F)

Well, I've loved a million women, in a belladonic haze.

                                         B♭5

And I ate a million dinners, brought to me on silver trays.

F5*   C5   D♭5

Give me everything I need, to feed my body and my soul,

     A♭5   C5

And I'll grow a little bigger, maybe that can be my goal...

Verse 4

     F5*   **B♭5**   **F**
I was told a million times, of all the people in my way.

How I had to keep on trying, and get better everyday.
F5*   **C5**   **D♭5**
But if I crossed a million rivers, and I rode a million miles,
         A♭5   **A5**
Then I'd still be where I started, same as when I started.

Chorus 2

D5   **G5*** **D5**   **A5**
(Keep yourself alive.) Come on.   (Keep yourself alive.)

       D   **C♯**   **B**   **G**
      5fr   4fr   2fr   3fr
      ⑤   ⑤   ⑤   ⑥
Ooh, it'll take you all your time and a-money,
A5   **D5**
Honey you'll survive.

Drum solo   ‖: **N.C.** | **N.C.** | **N.C.** | **N.C.**   :‖ **N.C.**   ‖

Guitar solo | **F5***   **B♭5** | **F5*** **C5** | **F5* A5 D5* B♭** | **C5** **F5*** |

                 | **F5***   **B♭5** | **F5*** **C5** | **F5* A5 D5* B♭** | **C5** **F5* A5** ‖

Chorus 3

D5   **G5*** **D5**   **A5**
(Keep yourself alive.) Whoa,___ (Keep yourself a - live.) oh,
D**   **F♯/C♯**   **Bm**   **G**
Take you all your time and a-money
   A5   **D5**
To keep me satisfied.
E5
  Do you think you're better everyday?
     N.C.
No,___ I just think I'm two steps nearer to my grave.

Outro chorus

D5   G5* D5   A5
(Keep yourself alive.) Come on, (Keep yourself a - live.) mm,

D   F♯/C♯   Bm   G*
You take your time and take my money,

A5   D5
Keep yourself alive.

F5*   B♭5 F5*   C5
(Keep yourself alive.) Come on, (Keep yourself a - live.)

F A5 D5 B♭5
All you peo - ple

C5   F5*
Keep yourself alive.

D5   G5* D5   A5
(Keep yourself alive.) Come on,___ (Keep yourself a - live.)

D5*   F♯5   B5   G5
Take you all your time and a-money

A5   D5
To keep me satisfied.

B5   E5 B5   F♯5
(Keep yourself alive.) Mm,___ (Keep yourself alive.)

B5 D♯5 G♯5 E5
Mm, mm, all you peo - ple

F♯5   B5
Keep yourself alive.

Take you all your time and money, honey, you will survive.

Keep me satisfied, keep yourself alive. *To fade*

A Kind Of Magic

Words & Music by Roger Taylor

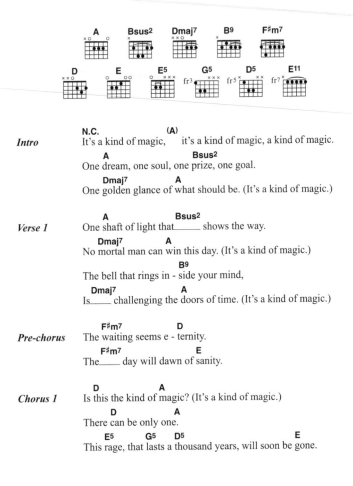

Intro

N.C.   **(A)**
It's a kind of magic,   it's a kind of magic, a kind of magic.

        A   **Bsus²**
One dream, one soul, one prize, one goal.

     Dmaj⁷   **A**
One golden glance of what should be. (It's a kind of magic.)

Verse 1

          A   **Bsus²**
One shaft of light that_____ shows the way.

     Dmaj⁷   **A**
No mortal man can win this day. (It's a kind of magic.)

              B⁹
The bell that rings in - side your mind,

   Dmaj⁷   **A**
Is_____ challenging the doors of time. (It's a kind of magic.)

Pre-chorus

     F♯m⁷   **D**
The waiting seems e - ternity.

     F♯m⁷   **E**
The_____ day will dawn of sanity.

Chorus 1

     D   **A**
Is this the kind of magic? (It's a kind of magic.)

     D   **A**
There can be only one.

     E⁵   **G⁵**   **D⁵**   **E**
This rage, that lasts a thousand years, will soon be gone.

Verse 2

    A   B9
This flame that burns in - side of me.

      Dmaj7   A
I'm hearing secret   harmonies. (It's a kind of magic.)

                    B9
The bell that rings in - side your mind

   Dmaj7   A
Is____ challenging the doors of time.

Guitar solo

‖: D | D | A | A   :‖

‖: D | D | A | A   :‖

Interlude

     E   G5   D5
This rage that lasts a thousand years,

              E5
(Will soon be, will soon be, will soon be done.)

Chorus 2

     D   A
This is a kind of magic.

     D   A
There can be only one.

     E5   G5   D5   E11   N.C.
This rage that lasts a thousand years will soon be done. (Done!)

Chorus 3

N.C.(D) (A)   (D)
       (Magic.) It's a kind of magic.

(A)   N.C.   D
It's a kind of magic, a magic, a magic, a magic, magic.

A
(Magic.) Ha, ha, ha, ha, ha, it's magic.

Outro
Guitar solo

‖: D | D | A | A   :‖

Repeat to fade with vocal ad lib.

Killer Queen

Words & Music by Freddie Mercury

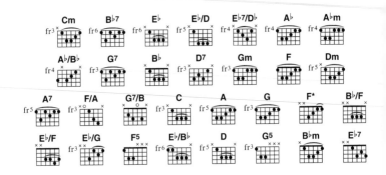

Verse 1

        Cm   **B♭7**
She keeps her Möet et Chandon in her pretty cabinet.

Cm   **B♭7**   **E♭**
"Let them eat cake." she says, just like Marie Antoinette.

     E♭/D   **E♭7/D♭**   **A♭**
A built in remedy for Kruschev and Kennedy

    A♭m   **E♭**   **A♭/B♭**   **B♭7**
At any time an invitation you can't de - cline.

G7   **Cm**   **B♭**   **E♭**
Caviar and cigarettes, well versed in etiquette,

     D7   **Gm**
Ex - traordinarily nice.

Chorus 1

F B♭ Dm Gm   Dm
She's a killer queen, gunpowder, gelatine,

Gm   A7   Dm
Dynamite with a laser beam.

G7   F/A G7/B C
Guaranteed___ to blow your mind.

B♭
 (Anytime!) Ooh,

A   Dm   G   C
Recommended at the price, in - satiable an appetite.

B♭
 Wanna try?

| F* B♭/F E♭/F | F* B♭/F E♭/F | F* B♭ E♭/G ‖

Verse 2

F* B♭ E♭/G Cm   B♭7
  To a - void complications she never kept the same address.

Cm   B♭7   E♭
 In conversation, she spoke just like a baroness.

      E♭/D   E♭7/D♭   A♭
Met a man from___ China, went down to Geisha Minah,

A♭m   E♭/B♭   A♭/B♭   B♭7
Then again inci - dentally if you're that way in - clined.

      G7   Cm   B♭   E♭
Perfume came naturally from Paris, for cars she couldn't care less,

     D7   Gm
Fas - tidious and pre - cise.

Chorus 2

F B♭ Dm Gm   Dm
She's a killer queen, gunpowder, gelatine,

Gm   A7   Dm
 Dynamite with a laser beam.

G7   F/A G7/B C B♭
Guaranteed___ to blow your mind. (Anytime.)

Guitar solo

| A Dm | A Dm | G Cm | G Cm F5 |

| F5 | F5 | F5 | Cm |

| B♭7 | Cm | B♭5 E♭ | E♭ E♭/D |

| E♭7/D♭ A♭ | A♭m E♭/B♭ $\frac{6}{4}$| A♭ B♭7 $\frac{4}{4}$| E♭/B♭ A♭/B♭ B♭7 ‖

113

Verse 3

             G   Cm   G   Cm
Drop of a hat she's as willing as, playful as a pussycat

    B♭   E♭   B♭   E♭
Then momentarily out of action, temporarily out of gas

    D   G5   F5   B♭   F5 B♭m
To absolutely drive... (You wild,   wild!)

    F5
She's all out to get you.

Chorus 3

        B♭   Dm   Gm   Dm
She's a killer queen, gunpowder, gelatine,

Gm   A7   Dm
Dynamite with a laser beam.

G7   F/A   G7/B   C
Guaranteed___ to blow your mind.

B♭
  (Anytime.) Ooh,

A   Dm   G   C
Recommended at the price, in - satiable an appetite.

B♭   F B♭/F E♭/G
  Wanna try?

    F   B♭ E♭/G F B♭ E♭/G F B♭
You wanna try?

Outro   ‖: E♭7 | E♭7 :‖ *Repeat to fade*

Let Me Entertain You

Words & Music by Freddie Mercury

[Chord diagrams: E7(no3) E5 G5 A5 C5 fr3 B5 F#5 D5]

Intro | E7(no3) | E7(no3) | E7(no3) | E7(no3) |

| E7(no3) | E7(no3) | E7(no3) | G5 |

Hey, it's a sell out,

| E5 | E5 G5 | E5 | E5 G5 ‖

Hey.

Verse 1

(G5)   E5
Let me welcome you Ladies and Gentlemen,

              G5
I would like to say hel - lo.

     E5
Are you ready for some entertainment,

          G5
Are you ready for a show?

       A5
Gonna rock you, gonna roll you,

                C5
Get you dancing in the aisles.

A5
Jazz you, razzmatazz you

              C5
With a little bit of style.

B   C   D   E   F#   G
2fr 3fr 5fr 2fr 4fr 5fr
⑤   ⑤   ⑤   ④   ④   ④   B5
C'mon, let me en - ter - tain you.

Chorus 1

E5
Let me entertain you.

Let me entertain you.

              N.C.
Let me enter - tain you.

Link 1	**B5**	**B5**	

Bridge 1
B5
I've come here to sell you my body,

I can show you some good merchandise.

I'll pull you and I'll pill you,

I'll Cruella De Vil you,

And to thrill you I'll use any device.
A5
We'll give you crazy performance,

We'll give you grounds for divorce.

We'll give you piece de resistance,
      G5   **F#5**
And a tour de force of course.

Verse 2
   B5
We found the right location,
     D5
Got a lot of pretty lights,
  B5
The sound and the amplification, listen.
D5   **E5**
Hey, if you need a fix if you want a high,
        G5
Stickells'll see to that.
  E5
With E - lektra and EMI,
          G5
We'll show you where it's at.

B	C	D	E	F#	G	
2fr	3fr	5fr	2fr	4fr	5fr	
⑤	⑤	⑤	④	④	④	**B5**

So c'mon, let me en - ter - tain you.

Chorus 2
E5
Let me entertain you.

Let me entertain you.
N.C.
Let me enter - tain you.

Guitar solo   ‖: **F♯5** | **F♯5** | **F♯5** | **F♯5** :‖

Bridge 2
A5
Just take a look at the menu,

We give you rock a la carte.

We'll breakfast at Tiffany's,
G5
We'll sing to you in Japanese.
F♯5   **B5**
We're only here to enter - tain you.

Verse 3
N.C.   E5
If you want to see some action,
G5
You get nothing but the best.
E5
The 'S' and 'M' attraction,
G5
We've got the pleasure chest.
A5
Chi - cago down to New Orleans,
C5
We get you on the line.
A5
If you dig the New York scene,
C5
We'll have a son of a bitch of a time.

B C D E F♯ B C D E F♯
2fr 3fr 5fr 2fr 4fr 2fr 3fr 5fr 2fr 4fr
⑤ ⑤ ⑤ ④ ④ ⑤ ⑤ ⑤ ④ ④
C'mon, let me en - ter - tain, let me en - ter - tain,

B C D E F♯ G
2fr 3fr 5fr 2fr 4fr 5fr
⑤ ⑤ ⑤ ④ ④ ④ **B5**
Let me en - ter - tain you   tonight.

Outro   ‖: **E5** | **E5** | **E5** | **E5** :‖

Repeat w/ad lib. speech to fade

117

Las Palabras De Amor
(The Words Of Love)

Words & Music by Brian May

Intro
(fade in)

‖: D | D | G/D | A/D :‖ *Play 3 times*

| G | G | Em | Em |

| Asus⁴ | Asus⁴ | A | A ‖

Verse 1

    D   G A   D G
    Don't touch me now,   don't hold me now,

                       A   D   A
Don't break the spell darling, now you are near.

 D   G A   D G
    Look in my eyes   and speak to me

                   A   D   A
Those special pro - mises   I long to hear.

Chorus 1

 (A)   G   C G
Las pa - labras de amor,

       A   A⁶sus⁴ A
Let me hear the words of love.

      G/B
Despa - cito mi amor,

     A/C♯ D Em   A
Love me slow and gent - ly.

Verse 2

    D   A   G
    One foolish world,   so many souls

                     A   D   A
Senselessly hurled through the never ending cold.

 D   G A   D G
    And all for fear,   and all for greed,

                  A   D   A
Speak any tongue but for God's sake we need…

Chorus 2

(A)   **G**   **C G**
Las pa - labras de amor,

A   **A6sus4 A**
Let me hear the words of love.

G/B
Despa - cito mi amor,

     A/C♯   **D**   **Em**   **D/F♯ G**   **A**   **D**
Let me know, this night and   ev - er - more.

Instrumental ‖: **D** | **D** | **G/D** | **A/D**   :‖   *Play 4 times*

         | **G** | **G** | **Em** | **Em** |

         | **Asus4** | **Asus4** | **A** | **A**   ‖

Verse 3

D   **G A**   **D G**
   This room is bare,   this night is cold,

             A   **D**   **A/C♯**
We're far apart and I'm   growing old.

D   **G A**   **D G**
   But while we live,   we'll meet again,

            A   **D**   **F♯**
So then my love we may whisper once more,

    A   **E**
It's you I a - dore.

Chorus 3

(E)   **G**   **C G**
Las pa - labras de amor,

       A   **A6sus4 A**
Let me hear the words of love.

        G/B
Despa - cito mi amor,

        A/C♯   **A**
Touch me now, oh.

        G
Las pa - labras de amor,

      A
Let us share the words of love

For evermore.

Outro ‖: **D** | **D** | **G/D** | **A/D**   :‖   *Play 7 times*

        | **D**   ‖

Lazing On A Sunday Afternoon

Words & Music by Freddie Mercury

Intro | E♭ | E♭ B♭ | B♭ | N.C. E♭ ‖

Verse 1

E♭   E♭m   E♭
I go out to work on Monday morning,

E♭   E♭m   D♭7 C7
Tuesday I go off to honey - moon.

Fm   E♭   Gm   Cm
I'll be back a - gain before it's time for sunny - down,

A♭   B♭   E♭
I'll be lazing on a Sunday after - noon.

Verse 2

D　　　　　　　　　　　　　　**Gm**
Bicycling on every Wednesday evening,

D　　　　　**A/C♯**　　　　　**F7/C**　**F7**
Thursday I go waltzing to the zoo.

　Gm　　　　　　　**Dm**　　　　　　　**E♭/G**　　**D7/F♯**
I come from London Town, I'm just an ordinary guy,

E♭/G　　　　**Fm6**　　　　　**A♭aug C/G**
Fridays I go painting in the Louvre.___

　　Fm　　　　　　　**E♭**　　　　　**Gm7**　　**Cm**
I'm bound to be pro - posing on a Saturday night,

　　　　A♭　　　　**B♭**
I'll be lazing on a Sunday,

A♭　　　**B♭**　　**A♭**　　　**B♭**　　　　　**E♭**
Lazing on a Sunday, lazing on a Sunday after - noon.

Guitar solo　　| **A**　　　　| **A**　　　| **A**　　　| **G7**　**F♯7**　|

　　　　　　　　| **Bm**　**A**　| **C♯m F♯m** | **D**　　**E**　| **A**　　　　　‖

121

Liar

Words & Music by Freddie Mercury

A5 E5 D5 D Dsus4 Dmaj9 D5*

Em A Asus4 Bm G F# D7 E5*

F#5 G5 B5 E7#9 C5 A/C# F G/D

Intro

‖: A5 | A5 | A5 | A5 :‖

| A5 | A5 |

| E5 D5 E5 D5 | E5 D5 E5 D5 | E5 D5 E5 D5 | E5 D5 E5 |

‖: E5 | E5 :‖ *Play 3 times*

| D Dsus4 Dmaj9 | D Dsus4 Dmaj9 ‖

Verse 1

D   Dsus4 Dmaj9 D   Dsus4 Dmaj9
I have sinned dear father,   father I have sinned.

D   Dsus4 Dmaj9 D   D5*
Try and help me father,   won't you let me in?

N.C Em A
Liar. Oh, nobody believes me.

N.C Em A   Asus4 A   D
Liar.   Ooh, why don't you leave me a - lone?

Verse 2

D
Sire, I have stolen, stolen many times,

Raised my voice in anger, when I know I never should.

N.C Em A
Liar. Oh everybody deceives me.

N.C Em A   Asus4 A   D
Liar.   Ooh, why don't you leave me a - lone?

Link 1

‖: A5 | A5 | A5 | A5 :‖

| A5 | A5 | A5 |

Chorus 1

D
Liar, I have sailed the seas,

Liar, from Mars to Mercury.

A
Liar, I have drunk the wine,

Liar, time after time.

Bm   **A**
Liar, you're lying to me.

G   **F♯**
Liar, you're lying to me.

         Asus⁴ **A**
Father please forgive me,

    Em   **Asus⁴**   **A**
You know you'll never leave me.

Em   **Asus⁴** **A**   **D**
Please will you di - rect me   in the right way.

A
   Liar, liar, liar, liar.

D
   Liar, that's what they keep calling me.

A
   Liar, liar.

Guitar solo

Bm	A	G	F♯
Em	A	Em	A
Em	G	D	A
Em	G	D	G
D7	G	D7	G
D	D	

Bridge 1

E5*   **F♯5 G5 B5 E5 D5 E5 N.C.**
   Listen,   are you gonna listen?

Mama I'm gonna be your slave all day long.

                     E7♯9
Mama I'm gonna try behave all day long.

N.C.
Mama I'm gonna be your slave all day long.

| | N.C.   E7#9 |
| *cont.* | I'm gonna serve you till your dying day all day long. |

I'm gonna keep you till your dying day all day long.

I'm gonna kneel down by your side and pray

All day long and pray.

All day long and pray.

All day long and pray.

All day long, wow, all day long, wow.

All day long, all day long, all day long.

Yes, all day long, all day long, all day long, all day long, yeah.

Link 2 ‖: E5 | E5 D5 E5 | E5 | E5 D5 E5 :‖

| E5 | E5 | D5 | D5 | C5 | C5

| C5 | C5 | C5 | B5 | B5 | B5

Bridge 2

Em   C5   A/C#
    All day long,   all day long,   all day long.

Chorus 2

A   D
    Liar, liar, they never ever let you win.
                                    A
Liar, liar, everything you do is sin.

Liar, nobody believes you.
                                    Bm
Liar, they bring you down before you be - gin.
    A
Ooh,   now let me tell you this,
G   F#
    So now you know you could be dead before they let you.

Outro | F | F | G | G | D |

| D G/D | D G/D | D G/D | D G/D | D |

Long Away

Words & Music by Brian May

Intro

| A D/A | A E | D D* D** | A | |

| A5 Asus4 | A Asus2 | A5 Asus4 | A Asus2 ‖

Verse 1

    A   D/A   A   E
You might be - lieve in Hea - ven,

  D   A   E
I would not care to say.

    A   D/A A   E
For every star in Hea - ven,

        D   A
There's a sad soul here to - day.

D   D/C#   D/B   D/A*
Wake up in the morn - ing with a good face,

E   Asus4 A
Stare at the moon all day.

D   D/C# D/B
Lonely as a whis - per on a star chase,

     Asus4 E
Does anyone care anyway?

    A   D/A   A   E
For all the prayers in Hea - ven,

    D   Fmaj7
So much of life's this way.

Link 1

| A D/A | A E | D | E9/D |

| A5 Asus4 | A Asus2 ‖

Chorus 1

A5　　Asus4　　A　　　Asus2
　Did we leave our way be - hind us,

A5　　　Asus4　　A　　　Asus2
　Such a long, long way be - hind us?

D　　　　　　　　D/C♯　　D/B
Who knows when, now, who knows where,

A5　　　Asus4　　A　　　Asus2
　Where the light of day will find us?

C/D　　　　　　　D A/D E A
Look for the day.

Guitar solo

| A D/A | A E | D | A E |

| A D/A | A E | D | A |

| D | Bm7 | E | A |

| D | Bm7 | Bm7 | Bm7 |

| Bm7 | Bm7 ‖

Verse 2

　　　A　　　D/A　　A　E
Take heart my friend, we love you,

　　　　D　　　　　　　　A　E
Though it seems like you're a - lone.

　　A　　D/A　　A　E
A million lights a - bove you

　　　D　　　　　　　A
Smile down upon your home.

　　D　　　　　　　D/C♯　　D/B　　　D/A*
Oh, hurry put your trou - bles in a suitcase,

E　　　　　　　　A
Come let the new child play.

D　　　　　　　D/C♯　　D/B
Lonely as a whis - per on a star chase,

　　Asus4　　　E
I'm leaving here, I'm long away.

　　A　　D/A　　A　E
For all the stars in Hea - ven,

　　D　　　　　Fmaj7　　　　　A
I would not live, I could not live this way.

126

Link 2 | A5 Asus4 | A Asus2 ‖

Chorus 2

A5   Asus4   A   Asus2
  Did we leave our way be - hind us,

A5   Asus4   A   Asus2
  Such a long, long way be - hind us?

D   D/C# D/B
Leave it for some hope - less   lane,

A5   Asus4   A
  Such a long long way,

          Asus4   A
Such a long long way,

          Asus4   A7
Such a long long a - way.

          D
And I'm looking for,

Dm   A
Looking for that day.

127

Lily Of The Valley

Words & Music by Freddie Mercury

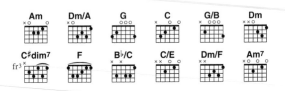

Intro | Am   Dm/A | Am   Dm/A | Am | Am   ‖

Verse 1

   G   C   G/B   Am G C
I am forever searching high and low,

      Am   Dm/A Dm
But why does everybody tell me no?

         C   G   C   Dm   G
Neptune of the seas, an answer for me please,

      C Dm G   (Am)
The lily of the valley doesn't know.

Link | Am   Dm/A | Am   Dm/A ‖

Bridge

   Dm   C#dim7   Dm
I lie in wait with open eyes,

       C#dim7   C   F
I carry on through stormy skies.

               C
I follow every course,

     Bb/C   C
My kingdom for a horse,

    F   C/E Dm   G
But each time I grow old.

 C   Dm   G
Serpent of the Nile,

     C   Dm G
Re - lieve me for a while,

    C/E   Dm/F   G   Am7 G/B
And cast me from your spell, let me go.

Verse 2

```
C                G/B              Am    Dm G C
Messenger from seven seas has flown
      Am                              Dm
To tell the king of Rhye he's lost his throne.
                    G
Wars will never cease,
        C      Dm     G
Is there time e - nough for peace?
          C/E  Dm/F  G              (Am)
But the lily  of the valley doesn't grow.
```

Outro

```
| Am   Dm/A | Am   Dm/A | Am      G  | C        ‖
```

Love Of My Life

Words & Music by Freddie Mercury

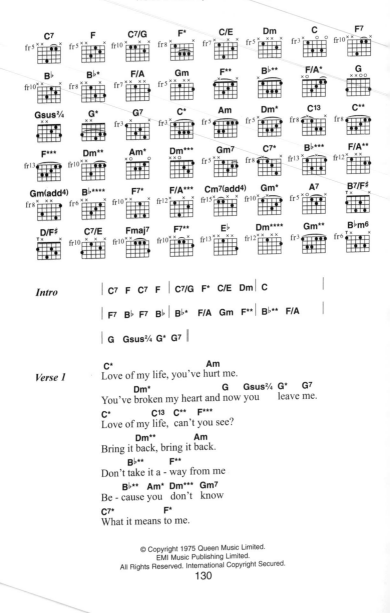

Intro

| C7 F C7 F | C7/G F* C/E Dm | C |

| F7 B♭ F7 B♭ | B♭* F/A Gm F** | B♭** F/A |

| G Gsus²⁄₄ G* G7 ||

Verse 1

C*   Am
Love of my life, you've hurt me.
        Dm*   G   Gsus²⁄₄ G*   G7
You've broken my heart and now you   leave me.
C*   C13 C** F***
Love of my life, can't you see?
        Dm**   Am
Bring it back, bring it back.
        B♭**   F**
Don't take it a - way from me
        B♭** Am* Dm*** Gm7
Be - cause you don't   know
C7*   F*
What it means to me.

Link 1 | B♭*** F/A** Gm(add4) F* | B♭**** F | G Gsus²⁄₄ G* G7 ‖

Verse 2

C*   Am
Love of my life, don't leave me.

          Dm*   G   Gsus²⁄₄ G* G7
You've taken my love and now de - sert me.

C*   C13   C** F***
Love of my life, can't you see?

        Dm**   Am
Bring it back, bring it back.

      B♭**   F**
Don't take it away___ from me

      B♭** Am* Dm*** Gm7
Be - cause you don't know

C7*   F
What it means to me.

Link 2 | C7 F C7 F | F7* B♭ |

| B♭*** F/A*** Gm(add4) B♭**** | F/A*** Gm* F*** ‖

Bridge

Dm*   Am*
You will remember when this is blown over,

    B♭**   F**
And everything's all by the way.

A7 Dm*   Am   B7/F♯
   When I grow older, I will be there at your side

        D/F♯   Gm7
To remind___ you how I still love you.

C*   F
I still love you.

Guitar solo | C7 F C7 F | C7/G F* C/E Dm | C** |

| F7 B♭ F7 B♭ | B♭*** F/A***   C7/E |

| B♭**** C7 F C/E F*   B♭*** F/A*** | F7 B♭ F7 B♭ |

$\frac{2}{4}$ | B♭***   F/A*** $\frac{4}{4}$| Fmaj7 B♭* B♭**** F* |

| B♭*** F/A*** Gm(add4) F* F7** B♭* E♭ Dm**** |

| Gm* | F**** | C** | C** ‖

Outro

Dm*　　　Am
Back, hurry back.

　　　B♭**　　　　　　　　F**
Please bring it back home＿＿ to me

　　　B♭**　Am* Dm* Gm7
Be - cause you　don't know

C7*　　　　　　F***
What it means to me.

Dm**　　　　　　Am
Love of my life, love of my life.

Gm** B♭m6 F
(Ooh, ooh.)

The March Of The Black Queen

Words & Music by Freddie Mercury

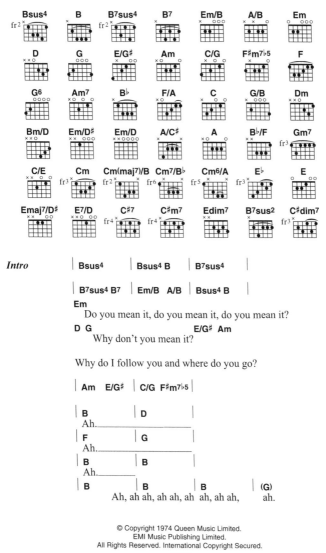

Intro | Bsus⁴ | Bsus⁴ B | B⁷sus⁴ |

| B⁷sus⁴ B⁷   Em/B   A/B | Bsus⁴ B |

Em
    Do you mean it, do you mean it, do you mean it?

D G   **E/G♯ Am**
    Why don't you mean it?

Why do I follow you and where do you go?

| Am   E/G♯ | C/G   F♯m⁷♭⁵ |

| **B** | **D** |
Ah._____

| **F** | **G** |
Ah._____

| **B** | **B** |
Ah._____

| **B** | **B** | **B** | **(G)**
    Ah, ah ah, ah ah, ah ah, ah ah,   ah.

Verse 1

      G   **G6**
You've never seen nothing like it, no never in your life,

E/G♯   **Am**
Like going up to heaven and then coming back alive.

Let me tell you all about it,

              Am7
And the world will so al - low it,

              D
Ooh, give me a little time to choose.

G
Water babies singing in a lily-pool delight,

E/G♯   **Am**
Blue powder monkeys praying in the dead of night.

Verse 2

Am   **E/G♯**   **C/G**   **F♯m7♭5**
Here comes the Black Queen, poking in the pile.

Am   **E/G♯**   **C/G**   **F♯m7♭5**
Fie-fo, the Black Queen, marching single file.

F   **G**   **C**   **B♭** **F/A** **G**
  Take this, take that, bring them down to size.

(March to the Black Queen.)

Link 1

| **C** | **G/B Am** | **Dm F** | **B Bm/D** |

Verse 3

Am   **E/G♯**
Put them in the   cellar with the naughty boys,

   C/G   **F♯m7♭5**
A little nigger sugar then a rub-a-dub-a baby oil.

Am   **E/G♯**   **C/G**
  Black on, black on every finger nail and toe,

         F♯m7♭5
We've only be - gun, begun.

F   **G**   **C**   **B♭** **F/A** **G**
  Make this, make that, keep making all that noise.

(March to the Black Queen.)

C
  Now I've got a belly-full

G/B   **Am**   **B Bm/D**
You can be my sugar-baby, you can be my honey - chile, yes.

Link 2 | Em Em/D♯ Em/D | A/C♯ D | A | A   D ‖

Guitar solo   ‖: F B♭/F F B♭/F | F B♭/F F B♭/F :‖ *Play 6 times*
Faster

F
Bridge 1   La, la la, la la, la la, la la la la la,

La, la la, la la, la la.

La la, la la, la la, la la, la la.

Verse 4
A tempo

N.C.   B♭/F   F
A voice from be - hind me re - minds me,
Gm7   C   F
Spread out your wings, you are an angel.
                C/E   Dm   A
Remember to deli - ver with the speed of light,
    Dm A Dm A B♭ F/A G   C
A lit - tle bit of love_____ and joy.
Cm   Cm(maj7)/B Cm7/B♭ Cm6/A   B♭
Everything you do bears a will and a why and a wherefore.
Cm   G Cm G   C
   A little bit of love and joy.
    F   B♭/F   F/A
In each and every soul   lies a man,
        Gm7   C   F
Very soon he'll de - ceive and dis - cover,
                C/E   Dm
But even till the end of his life,
A   Dm   A   Dm A
He'll bring a lit - tle   love.

Link 3 | Dm C | F Gm | Cm B♭ ‖

            | E♭ | Cm |
Bridge 2   Ah,   La la la la la.
            | G | Cm | Am
            Ah,   Ah,   la la la la,   Ah.

Am
I reign with my left hand, I rule with my right,

I'm lord of all darkness, I'm Queen of the night.

G   **C G/B**
  I've got the power,

       Am
Now do the march of the Black Queen.

My life is in your hands, I'll fo and I'll fie,

I'll be what you make me, I'll do what you like.

G   **C G/B**
I'll be a bad boy, I'll be your bad boy,

       Am
I'll do the march of the Black Queen.

Link 4

D	**F**	**Am**	**Am**
		Ah,	ah,
Am	**Am**	**C**	**C**
Ah,	ah,		

Am E/G♯	**C/G F♯m7♭5**	**Am E/G♯**	**C/G F♯m7♭5**

Verse 6

(F♯m7♭5)   **Am E/G♯ C/G**
Walking true to style,

     F♯m7♭5   **Am**
She's vulgar 'buse and vile.

      E/G♯   **C/G**   **F♯m7♭5**
Fie-fo the Black Queen, tattoos all her pies,

    Am   **E7/G♯**   **G**
She boils and she bakes, and she never dots her "I's".

C   **G/B Am**
She's our leader

C   **G/B**   **Am**
La la la la la, la la la,

Dm   **B**
  La la la la la la.

| E | Emaj7/D♯ | E7/D C♯7 C♯m7 | A | B |
| E | Edim7 | E B7sus2 B | E |

Verse 7
Faster

C♯dim7 G   C   G/B
         Forget your sing-a-longs and your lullabies,

    Am
Sur - render to the city of the fireflies.

Dm
Dance with the devil, beat with the band,

   Dm
To hell with all of you hand in hand.

   F   G   C
But now it's time to be gone,

           G/B   Am
(La la la la, for - ever) for - ever.

Dm   Em F   G
  La la la la, ah ah.___

The Millionaire Waltz

Words & Music by Freddie Mercury

Intro		F		F		F		F		
		F	C	F	C	F	C	F	C	
		Gm		F		C		C B♭/C C7	
		F		F Gm F/A	B♭		A		
		Dm		G		C		B♭/C		
		B♭/C								

Verse 1

```
          F                        Dm
Bring out the charge of the love brigade,
          Gm                   C    B♭/C  C7
There is spring in the air once a - gain.
F                    Dm        F7/C
Drink to the sound of the song pa - rade,
              B♭      B♭/A      Gm
There is music and love every - where.
```

cont.

Gm7   C   B♭/C C7
Give a little love to me,

Gm7   C
Take a little love from me,

             B♭/C C7 F
I want to share it   with you,

| F | F Gm F/A | B♭ | A | |

| Dm | G | C | B♭/C | |

B♭/C   F
   I feel like a million - aire.

Bridge 1

F   C/E
Once we were mad, we were happy,

           F   B♭m   F
We spent all our days holding hands to - gether.

   Gm Am Dm   C   B♭ A
Do you re - mem - ber, my love,

        Dm   A   Dm   A
How we danced and played in the rain we laid?

                      Dm7 G   C   B♭/C C/E F
How we wish that we could stay there for - ev - er   and ever.

Bridge 2

Fm   C
Now I am sad, you are so far away,

    E♭dim7   D♭
I sit counting the hours day by day.

     A♭/C   B♭m   Fm   Cm
Come back to me, how I long for your love.

Fm   C   Fm   E♭   A♭
Come back to me, be happy like we used to be.

Instrumental

| Fm | Fm | C/E | C/E | |

| F/E♭ | F/E♭ | B♭7/D | B♭7/D | |

| B♭7 | B♭7 | E♭ | E♭ | ‖ |

Link 1

B♭7   E♭
   Come back, come back to me.

B♭7   E♭
   Come back, come back to me.

G   Cm G♭dim7
   Ah.____

139

cont.	E♭/G	A♭　　B♭　E♭	E♭	
	C			
	Fm	Fm	Fm/E	Fm/E
	Fm/E♭	Fm/E♭	D♭	D♭

Bridge 3

D♭ A♭/C B♭m E♭
Oh, come back to me, oh my love.

A♭ E♭ A♭ E♭ A♭ E♭
How I long for your love,

A♭ E♭
Won't you come back to me?

Link 2	E♭	E♭	E♭	E♭
	A♭	A♭	A♭	A♭

Guitar solo	A♭	A♭	A♭	A♭
	A♭	A♭	E♭7	E♭7
	E♭7	E♭7	E♭7	E♭7
	B♭	E♭	A♭	A♭
	A♭	A♭	A♭	F7
	F7	F7	B♭m	B♭m
	B♭m	Aaug	D♭	A♭7
	F	F	B♭	B♭

Link 3	E♭	A♭　　B♭　E♭	E♭	

140

Bridge 4

E♭ B♭/D E♭   B♭/D   E♭   B♭/D E♭   A♭ B♭
My fine   friend, take   me with you and love   me for - ev - er.

E♭ B♭ D♭dim7 F♯7
My fine friend,

        B   Gdim7
For - ever, for - ever.

Link 4

B	B	Em/B	G
C	C	F	F Gm F/A
B♭	A	Dm	G
C	B♭	B♭ ‖

Verse 2

F   Dm
Bring out the charge of the love brigade,

        Gm   C   B♭/C C7
There is spring in the air once a - gain.

F   Dm   F7/C
Drink to the sound of the song pa - rade,

        B♭   B♭/A   Gm
There is music and love every - where.

Gm7   C
Give a little love to me,

Gm7   C
Take a little love from me,

          B♭/C C7 F   F7/E♭
I want to share it   with you.

B♭   A   Dm   G
Come back, come back to me,

          C   F/C
Make me feel,

              C7   F
Make me feel like a million - aire.

The Miracle

Words & Music by Brian May, Freddie Mercury, John Deacon & Roger Taylor

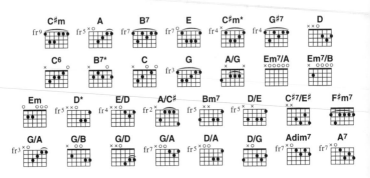

To match recording tune down a semitone

Intro | C#m | C#m ||

Verse 1
C#m
Ev'ry drop of rain that falls

A   B7
In Sa - hara Desert says it all, it's a miracle.

E
All God's creations great and small,

C#m*   G#7
The Golden Gate and the Taj Mahal, that's a miracle.

D
Test tube babies being born,

C6   B7*
Mothers, fathers, dead and gone it's a miracle.

Pre-chorus 1

```
E                 D          A
We're having a miracle on earth.
E                 D          C
Mother Nature does it all for us.
     G
The wonders of this world go on,
       A/G
The Hanging Gardens of Babylon,
  G
Captain Cook and Cain and Abel,
  A/G
Jimi Hendrix and the Tower of Babel.
```

Chorus 1

```
       Em7/A  Em7/B       Em7/A  Em7/B
It's a miracle._____ It's a miracle.
            Em        A
It's a mir - acle,   it's a miracle.
D*                    E/D
   The one thing we're all waiting for
A/C#                  G
   Is peace on earth, an end__ to war.
     D*               Bm7
It's a__ miracle we need,
       D/E   C#7/E#  F#m7  G  G/A  G/B  G/D
The miracle.
       G/A*          D/A
The miracle we're all
G/A    D/A      A          D*  D/E  D/G  C#m
Wait - ing  for__ today.
```

Verse 2

```
   C#m
If every leaf on every tree
       A                      B7
Could tell a story, that would be a miracle.
   E
If every child on every street
     C#m*                             G#7
Had clothes to wear and food to eat that's a miracle.
   D
If all God's people could be free
   C6                     B7*
To live in perfect harmony, it's a miracle.
```

Pre-chorus 2

E   D   A
We're having a miracle on earth.

E   D   C
Mother nature does it all for us.

G
The open hearts and surgery,

A/G
Sunday mornings with a cup of tea,

G
Superpowers always fighting

 A/G
But Mona Lisa just keeps on smiling,

Chorus 2

 Em7/A Em7/B Em7/A Em7/B
It's a miracle._____ It's a miracle.

 Em7/A Em7/B
It's a miracle.

Guitar solo 1

| E D | A | E D | C |
| G | A/G | G | A/G |

                  (The
wonders of this world go on.)   Well, it's a

Chorus 3

 Em7/A Em7/B Em7/A Em7/B
It's a miracle._____ It's a miracle.

  Em   A
It's a miracle, it's a miracle.

D*   E/D
 The one thing we're all waiting for

 A/C#   G
Is___ peace on earth and an end to war.

   D*   Bm7
It's a miracle we need,

D/E   C#7/E# F#m7 G G/A G/B G/D G/A*
The miracle.   The miracle.

   D/A G/A D/A G/A D/A Adim7 A7
Peace on earth and end to war,   today.

Guitar solo 2

| : D | D | D | D :|

Outro
(fade in over solo)

   D*   E/D
| : Friends, that time will come,

     A/C#   G
One day you'll see,___ when we can all___ be... :| *Repeat to fade*

144

Mother Love

Words & Music by Brian May & Freddie Mercury

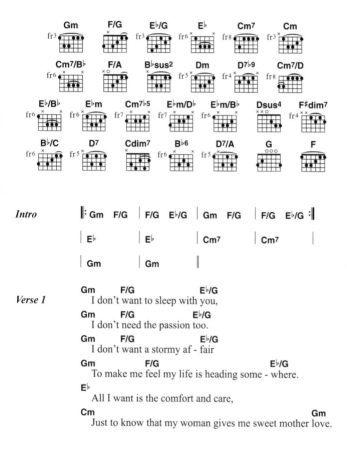

Intro

‖: Gm F/G | F/G E♭/G | Gm F/G | F/G E♭/G :‖

| E♭ | E♭ | Cm7 | Cm7 |

| Gm | Gm ‖

Verse 1

Gm   F/G   E♭/G
I don't want to sleep with you,

Gm   F/G   E♭/G
I don't need the passion too.

Gm   F/G   E♭/G
I don't want a stormy af - fair

Gm   F/G   E♭/G
To make me feel my life is heading some - where.

E♭
All I want is the comfort and care,

Cm   Gm
Just to know that my woman gives me sweet mother love.

Bridge 1

E♭   Cm7   Cm7/B♭
 I've walked too long in this lonely lane,

F/A   B♭sus2
I've had enough of this same old game.

 Dm   Gm
I'm a man of the world and they say that I'm strong,

Cm   D7♭9
 But my heart is heavy and my hope is gone.

E♭   Cm7 Cm7/D   E♭/B♭
 Out in the city, in the cold world out - side,

E♭m   Cm7♭5 E♭m/D♭ E♭m/B♭
I don't want pity, just a safe place to hide.

Dsus4   F♯dim7
 Mama please, let me back in - side.

Link 1 | Gm F/G | F/G E♭/G | Gm F/G | F/G E♭/G ‖

Verse 2

Gm   F/G   E♭/G
 I don't want to make no waves,

Gm   F/G   E♭/G
 But you can give me all the love that I crave.

Gm   F/G   E♭/G
 I can't take it if you see me cry,

Gm   F/G   E♭/G E♭
 I long for peace before I die.

All I want is to know that you're there,

Cm   Gm
 You're gonna give me all your sweet mother love,

Ah ha, mother love.

Guitar solo | Gm F/G | F/G E♭/G | Gm F/G | F/G E♭/G |

      | Cm B♭/C | B♭/C Cm7 | Cm B♭/C | B♭/C Cm7 |

      | D7 | Cm | D7 Cdim7 | B♭6 D7/A |

      | Gm | Gm   ‖

Verse 3

Gm   F/G   E♭/G
 My body's aching, but I can't sleep,

Gm   F/G   E♭/G
 My dreams are all the company I keep.

E♭
 Got such a feeling as the sun goes down,

Cm   Gm
 I'm coming home to my sweet mother love.

Outro

‖: Gm | Gm | Gm | Gm :‖
(Ad lib. fx)

 G
I think I'm goin' back

   F   G
To the things I learnt so well in my youth.

Mustapha

Words & Music by Freddie Mercury

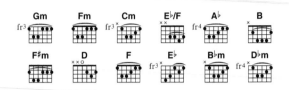

Intro

N.C.
Ibrahim, Ibrahim, Ibrahim,

Allah, Allah, Allah, Allah will pray for you. Hey!

| Gm | Fm | Cm |

Fm
Mustapha, Mustapha, Mustapha Ibrahim.

Mustapha, Mustapha, Mustapha Ibrahim.

Link 1

| Fm | Fm E♭/F | Fm | Fm E♭/F ‖

Verse 1

Fm
Mustapha Ibrahim, Mustapha Ibrahim,

Allah, Allah, Allah will pray for you.
A♭
Mustapha Ibrahim, al havra kris vanin,

B
Allah, Allah, Allah will pray for you.

Bridge 1

N.C.   F♯m
Musta - pha, hey! Mustapha,
D
Mustapha Ibrahim, Mustapha Ibrahim,
Gm   F   E♭   Cm
Allah-i,___ Allah-i,___ Allah-i, Ibra-Ibra-Ibrahim,
Gm   F   E♭   Cm
I-Ibrahim,___ Ibrahim,___ Ibrahim, Allah Allah Allah-i, hey!

Link 2 | **Gm** | **Fm**   ‖

(Fm)   **B♭m**

Chorus 1   Musta - pha, Mustapha, Allah-i na stolei,

Mustapha, Mustapha, Achtar es na sholei,

          Cm

Musta - pha, Mustapha, Mochamut dei ya low eshelei,

Mustapha, Mustapha, ai ai ai ai ahelei.

      A♭ B♭m   **D♭m B♭m**

Musta - pha,   Musta - pha,

Cm   **(N.C.)**

  Ist avil ahiln avil ahiln adhim Mustapha,

        (Cm)

Salaam Alei - kum.

Link 3 | **Fm** | **Fm E♭/F** | **Fm** | **Fm E♭/F** ‖

Fm

Verse 2   Mustapha Ibrahim, Mustapha Ibrahim,

Allah, Allah, Allah will pray for you.

A♭

  Mustapha Ibrahim, achbar ish navin,

N.C.

Allah, Allah, Allah will pray for you.

N.C.   **F♯m**

Bridge 2   Musta - pha, Mustapha,

D   **Gm**

  Mustapha Ibrahim, Mustapha Ibrahim, hey!

       F   **E♭**   **Cm**

Allah-i,＿ Allah-i,＿ Allah-i, Ibra-Ibra-Ibrahim,

Gm   **F**   **E♭**   **Cm**   **Gm**

I-Ibrahim,＿ Ibrahim,＿ Ibrahim, Allah Allah Allah-i, hey!

Chorus 2

    Fm   B♭m
    Musta - pha, Mustapha,

Mustapha, Mustapha,

       Cm
Musta - pha, Mustapha,

Mustapha, Mustapha,

       A♭ B♭m   D♭m B♭m
Musta - pha,   Musta - pha.

Cm   (N.C.)
  Vontap ist ahiln avil ahiln adhim Mustapha,

Aleikum Salaam, hey!

No One But You
(Only The Good Die Young)

Words & Music by Brian May

To match original recording, tune guitar slightly sharp

Verse 1

```
      C   G/B          C      A/C♯ Dm
        A hand above the water,
               A/C♯        Dm  F/C  G/B
      An angel reaching for the sky.
           G        C       Am  Am/G  F♯m7♭5
      Is it raining in heaven,
               D        G    F/G
      Do you want us to cry?
      C           G/B         C      A/C♯ Dm
        And every - where the broken - hearted,
               A/C♯        Dm  F/C  B♭
      On every lonely aven - ue.
                   F/A          F
      No-one could reach them,
      C           G/B  A
        No-one but you.
```

Chorus 1

```
      D   F♯ G
      One by one,
      A       D   F♯ G
      Only the good die young.
      A           D        F♯      Bm  Bm/A
      They're only flying too close to the sun,
           E7/G♯   D/A    Asus4   A
      And life goes on with - out you.
```

Verse 2

G/B C   G/B   C   A/C♯ Dm
        Another tricky situ - ation,

    A/C♯   Dm F/C G/B
I get to drowning in the blues.

    G   C   Am Am/G F♯m7♭5
And I find myself thinking,

    D   G   F/G
Well, what would you do?

C   G/B   C A/C♯ Dm
    Yes, it was such an opera - tion,

      A/C♯   Dm F/C B♭
Forever paying every   due.

          F/A   F
Hell, you made a sen - sation,

C   G/B   A
    You found a way through.

Chorus 2

D   F♯ G
One by one,

A   D   F♯ G
Only the good die young.

A   D   F♯   Bm Bm/A
They're only flying too close to the sun,

E7/G♯   D/A   Asus4 A
We'll re - member for - ever.

Verse 3

G/B C   G/B   C   A/C♯ Dm
        And now the party must be over,

    A/C♯   Dm F/C G/B
I guess we'll never under - stand.

    G   C   Am Am/G F♯m7♭5
The sense of your leaving

        D   G   F/G
Was in the way it was planned.

C   G/B   C A/C♯ Dm
   So we grace another table,

      A/C♯   Dm   F/C B♭
And raise our   glasses one more time.

          F/A   F
There's a face at the window,

          C   G/B   A
And I ain't never, never saying goodbye.

         D F♯ G
And it's one by one,

A   D   F♯ G
Only the good die young.

A   D   F♯   Bm Bm/A
They're only flying too close to the sun,

E7/G♯   D/A   E7/G♯
Crying for nothing,

G   D/F♯ G/A   D C/D G/D D
Crying for no one,   no one but you.

My Fairy King

Words & Music by Freddie Mercury

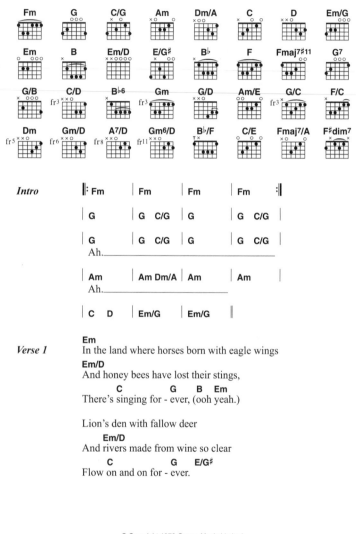

Intro

‖: Fm | Fm | Fm | Fm :‖

| G | G C/G | G | G C/G |

| G | G C/G | G | G C/G |
Ah._____

| Am | Am Dm/A | Am | Am |
Ah._____

| C   D | Em/G | Em/G ‖

Verse 1

Em
In the land where horses born with eagle wings

Em/D
And honey bees have lost their stings,

            C   G   B   Em
There's singing for - ever, (ooh yeah.)

Lion's den with fallow deer

    Em/D
And rivers made from wine so clear

        C   G   E/G♯
Flow on and on for - ever.

cont.

   Am   **Dm/A**   **Am**
Dragons fly like sparrows through the air

         Dm/A   **Am**
And baby lambs where Samson dares

   B♭   **Am**
To go on, on, on, on, on.

Link 1 | **F Fmaj7♯11** | **Am   D** ‖

      Em
Verse 2   My fairy king,

         Em/D
He rules the air and can see things

             C   **G B Em**
That are not there for you and me, ooh yeah.

                 G7
My fairy king, (he guides the winds)

               C   **G/B Am G D**
He can do right and nothing wrong.

Am   **Dm/A**   **Am**
Then came man to savage in the night,

         Dm/A   **Am**
To run like thieves and to kill like knives.

            Dm/A   **Am**
To take away the power from the magic hand,

           Dm/A   **Am**
To bring about the ruin to the promised land.

Link 2 | **Am Dm/A Am Dm/A** | **Am Dm/A Am Dm/A** |
         Ah,_____

      | **C/D D C/D D** | **B♭ B♭6 B♭ B♭6** | **B♭ B♭6 Gm C** |
         Ah,_____ ooh.

      | **D**   **G/D** | **D** ‖

Verse 3

    D   **D**   **G/D**
They turn the milk into sour,

       D   **G/D**   **D**   **G/D**
Like the blue in the blood of my veins.

     D   **G/D**
(Why can't you see it?)

      Em   **Am/E**   **Em**   **Am/E**   **Em**   **Am/E**
Fire burning in hell with the cry of screaming   pain.

       Em   **Am/E**   **G**
(Son of heaven set me free and let me go.)

       C/G   **G**   **C/G**
Sea turn dry, no salt from sand

    G   **C/G**
And seasons fly no helping hand.

G   **C/G**   **Am**   **Dm/A**
Teeth don't shine like pearls for poor man's eyes.

Link 3

| **Am** | **Am** **Dm/A** | **Am** | **Am** **Dm/A** |
Ah.

| **Am** | **Am** **Dm/A** |

| **C**   **G/C** **F/C** | **C**   **G/C** **F/C** | **C**   **G/C** **F/C** | **C**   **F/C** **G/C** |

Verse 4

C   **F/C** **G/C** **C**   **F/C** **G/C**
Someone,   someone

C   **F/C**   **G/C**   **C**   **G/C** **F/C**
Has drained the colour from my wings,

C   **F/C** **G/C** **C** **F/C** **G/C**
Broken my fairy circle ring.

Dm   **Gm/D**   **Dm** **Gm/D** **A7/D**
And shamed the king in all his pride,

Dm   **Gm/D**   **A7/D**   **Dm** **Gm/D** **A7/D** **Gm6/D**
Changed the winds and wronged the tides.

F   **Bb/F**
Mother Mercury, (Mercury)

F   **Bb/F**
Look what they've done to me,

F   **Bb/F**   **F**   **C/E** **Dm** **C**
I cannot run I cannot hide.

Outro ‖: B♭ | Fmaj7/A | B♭ | Fmaj7/A :‖

| B♭ | Fmaj7/A | Am Dm/A Am Dm/A | Am Dm/A Am Dm/A |

| Am Dm | Am Dm | Am Dm | Am Dm |

| Am | Em | Am | Em |

| Am Dm/A Am Dm/A | Am Dm/A Am Dm/A |

| Em Am/E Em Am/E | Em Am/E Em Am/E |

| F Fmaj7#11 | F#dim7 |

| C Am | D ‖

157

Now I'm Here

Words & Music by Brian May

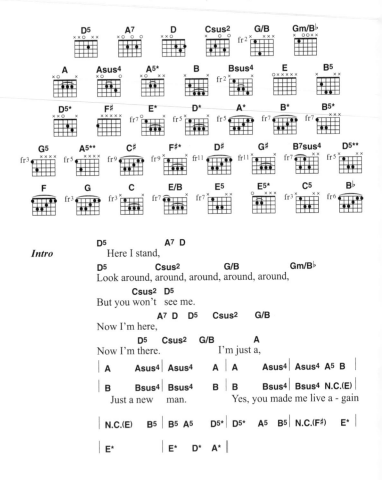

Intro

D5   A7 D
Here I stand,

D5   Csus2   G/B   Gm/B♭
Look around, around, around, around, around,

          Csus2 D5
But you won't see me.

            A7 D D5   Csus2   G/B
Now I'm here,

          D5   Csus2 G/B   A
Now I'm there.   I'm just a,

| A   Asus4 | Asus4   A | A   Asus4 | Asus4 A5 B |

| B   Bsus4 | Bsus4   B | B   Bsus4 | Bsus4 N.C.(E) |
Just a new   man.   Yes, you made me live a - gain

| N.C.(E) B5 | B5 A5 | D5*| D5* A5 B5 | N.C.(F♯)   E* |

| E* | E* D* A* |

Verse 1

B*
A baby I was when you took my hand,

E*   **D*** **A***
And the light of the night burned bright.

 B*
The people all stared, didn't understand,

 E*   **B5*** **E***
But you knew my name on sight.

   G5 **A5*** **D*** **B*** **E***
 Ooh, what - ever came of you and me?

B5* C# **F#*** **D#** **G#**
A - meri - ca's new bride to be.

E*   **F#***
 Ooh, don't worry, baby, I'm safe and sound.

G5
 Down in the dungeon just creatures and me.

Chorus 1

B*   **B7sus4** **B***
 Don't I love her so,

     B7sus4   **N.C.(E)** **B5** **A5** **D5***
Ooh, and she made me live a - gain. Yeah.

| **D5*** | **A5** | **B5** | **N.C.(F#)** | **E***| **E*** |

                Yeah!

Verse 2

D* **A*** **B***
Ooh,___ a thin moon me and the smoke-screen sky

   E*
Where the beams of your love light chase.

D* A*   **B***
 Don't move,___ don't speak, don't feel no pain

     E*   **A*** **E5****
With the rain running down my face.

F **G** **C** **A*** **D***
Your matches still light up the sky,

  B5* **E/B** **C#** **F#*** **D5**** **E5**
And many a tear lives on in my eye.

A5
 Down in the city, just Hoople and me.

Chorus 2	**B5** **E5* A5**

Chorus 2

     B5   **E5* A5**
Don't I love him so.

     B5   **E5* A5**
Ooh, don't I love him so.

Guitar solo ‖: **B5**   **E5*** | **E5* A5** :‖ *Play 6 times*

    | **B5** | **B5**   ‖

Verse 3

      G5 **C5**   **A***   **D***
What - ever comes of you and me,

    B*   **E***   **C#**   **F#***   **D5**
I'd love to leave my memo - ry with you.

Bridge

  D5   **A7** **D**
  Now I'm here,

  D5   **Csus2**   **G/B**
  Think I'll stay_____ around, around,

          Gm/B♭
Around, around,_____ around, around.

  A5
Down in this city just you and me. Ah!

| **N.C.(E)** **B5**| **B5** **A5** **D5***| **D5* A5 B5** | **B5** **A5** **E5***| **N.C.**   **B♭** ‖

Outro | **B*** **E*** **B*** **N.C.(E)** | **N.C.(E)** **A***   **B♭** | **B*** **E* B***   **N.C.(E)** ‖
                                               Don't I love

| **N.C.(E)** **A***   **B♭** ‖: **B***   **E* B* N.C.(E)**| **N.C.(E)** **A*** **B♭** :‖
You___ so.   *Play 5 times*

  | **B5*** |

  | **B5*** | **B5***   ‖
(Go, go go   little queenie.)

‖: **B5*** | **B5***   :‖ *Repeat to fade*

Ogre Battle

Words & Music by Freddie Mercury

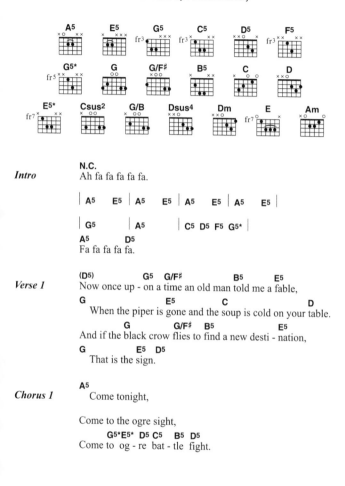

Intro

N.C.
Ah fa fa fa fa fa.

| A5   E5 | A5   E5 | A5   E5 | A5   E5 |

| G5 | A5 | C5 D5 F5 G5* |

A5   D5
Fa fa fa fa fa.

Verse 1

(D5)   G5 G/F♯   B5   E5
Now once up - on a time an old man told me a fable,

G   E5   C   D
   When the piper is gone and the soup is cold on your table.

      G   G/F♯ B5   E5
And if the black crow flies to find a new desti - nation,

G   E5 D5
   That is the sign.

Chorus 1

A5
   Come tonight,

Come to the ogre sight,

       G5*E5* D5 C5   B5 D5
Come to og - re bat - tle fight.

Verse 2

(D5)   G   G/F#   B5   E5
He gives a great big cry and he can swallow up the ocean.

G   E5
    With a mighty tongue he catches flies

     C   D
In the palm of a hand in - credible size.

    G   G/F#   B5   E5
One great big eye has a focus in your di - rection,

G   E5 D5
    Now the battle is on. Yeah, yeah, yeah.

Chorus 2   As Chorus 1

Link 1

| A5   E5 | A5   E5 | A5   E5 | A5   E5 |

| G5 | A5 | C5 D5 F5 G5* |

A5   D5
Fa fa fa fa fa.

| A5 | A5 | ‖

Bridge 1

A5
The ogre men are still inside

The two-way mirror mountain.

You gotta keep down right out of sight,

You can't see in, but they can see out.

B5
Ooh, keep a look out.

The ogre men are coming out

From the two-way mirror mountain.

They're running up behind and they're coming all about,

Can't go east 'cause you gotta go south.

Instrumental | D | | Csus² G/B | D | | Csus² G/B |

| D | | D Dsus⁴ | D Dsus⁴ | D Dsus⁴ |

| D Dsus⁴ | D Dsus⁴ | D Dsus⁴ | D Dsus⁴ |

| D Dsus⁴ | D Dsus⁴ | D | ‖

Bridge 2

N.C.
Ogre men are going home,
A⁵
The great big fight is over.
Dm
Bugle blow, let trumpet cry,
C   G/B E   Am
Ogre battle lives for ever more.
Dm
Oh, oh, oh.
A⁵
You can come along,

You can come along,
                              N.C.
Come to ogre bat - tle.

Outro | A⁵   E⁵ | A⁵   E⁵ | A⁵   E⁵ | A⁵   E⁵ |

| G⁵ | A⁵ | C⁵ D⁵ F⁵ G⁵* |

A⁵   N.C.(Em)
Fa fa fa fa fa.

One Vision

Words & Music by Brian May, Freddie Mercury, John Deacon & Roger Taylor

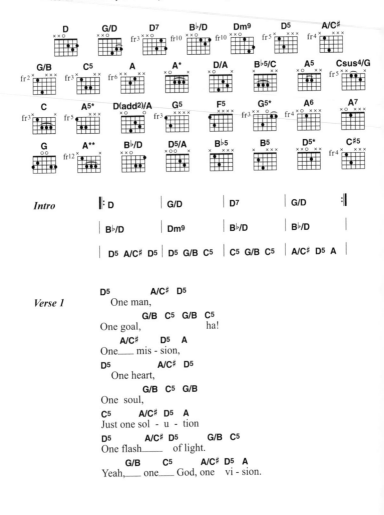

Intro

‖: D | G/D | D7 | G/D :‖

| B♭/D | Dm9 | B♭/D | B♭/D |

| D5 A/C# D5 | D5 G/B C5 | C5 G/B C5 | A/C# D5 A |

Verse 1

D5   A/C# D5
One man,

        G/B C5 G/B C5
One goal,   ha!

  A/C#   D5   A
One___ mis - sion,

D5   A/C# D5
  One heart,

        G/B C5 G/B
One soul,

C5   A/C# D5 A
Just one sol - u - tion

D5   A/C# D5   G/B C5
One flash___ of light.

    G/B   C5   A/C# D5 A
Yeah,___ one___ God, one vi - sion.

Chorus 1

A*   D/A
One flesh, one bone,   one true religion.

A*   D/A   A* D/A A* D5 C5
One voice, one hope,   one real___ de - ci - sion.

B♭5/C C5   A5 N.C. A♯ B C C♯
Whoa,_____gimme one vision.   Yeah!

Verse 2

D5   A/C♯ D5   G/B C5
No wrong___   and no right.

                       Csus4/G   C A5* D5
I'm gonna tell you there's no black and no white.

          A/C♯ D5   G/B C5
No blood,___   no stain.

G/B   C5   A/C♯   D5
All we need is one___ worldwide___ vis - ion.

Chorus 2

  A*   D/A   A*
One flesh, one bone,   one true reli - gion.

                 D(add2)/A   A*   C5
One voice, one hope,   one real deci - sion

C   B♭5/C   C5   A5 N.C. A♯ B C C♯
  Whoa,_____ yeah!   Oh, yeah, oh, yeah!

Bridge

D   G/D   D7
   I had a dream___ when I was young,

       G/D   D7
I dream___ of sweet illusion.

              G/D
A glimpse of hope___ and unity

D7   G/D
And visions of one sweet___ union.

    B♭/D   Dm9
(But a cold wind blows and a dark rain falls,)

       B♭/D
And in my heart it shows.

Dm9   B♭/D Dm9
Look what they've done to my dream.___ Aah!

Guitar solo | D5 A/C♯ D5 | D5 G/B C5 | C5 G/B C5 | C5 A/C♯ D5 A ‖

                                           One vi - sion.

Verse 3

D5   A/C# D5
So give me your hands,

            G/B C5
Give me your hearts.____ I'm ready.

         G5   F5   A5
There's on - ly one____ di - rection.

D5   A/C# D5   G/B C5 G5*
  One world____ and one nation.

     F5 G5   A*
Yeah, one vision.

Chorus 3

A*   D/A   A5
  No hate, no fright, just exci - tation.

           D/A   A* D/A A* D/A   A*
All through the night   it's a ce - le - bration.

A5   D/A A* D/A A*   D/A A* A6 A7
Whoa, whoa, whoa, whoa, whoa,_____ whoa,_____ yeah!

| D/A A | G | D N.C. | N.C. ||
                       One.

Interlude

| A** | A** | A** | A** |
                         One vision.

| A** | A** | A** | A** |
     Hey !   Hey! One vision.   One vision.

| A** | A** | A** | A** |
             One vision.   One vision.

| A** | Bb/D* | D5/A ||

Outro chorus

A*   D/A
  One flesh, one bone, one true religion.

A5
  One voice, one hope, one real decision.

C5   Bb5/C   A5   C5
Gimme one night, yeah,____ gimme one hope, hey!

Just gimme, ah!

A5   Bb5   A5 B5
  One man, one man, one bar, one night, one day.

C5   D5*   A5   Bb5
Hey, hey. Just gim - me, gim - me,

     B5   C5 C#5 D5   N.C.
Gim - me, gim - me fried chick - en. Vision.

Play The Game

Words & Music by Freddie Mercury

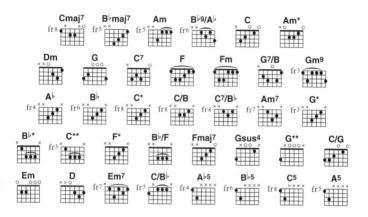

Verse 1

Cmaj7
Open up your mind and let me step inside.

B♭maj7

Am
Rest your weary head and let your heart decide.

B♭9/A♭

    C   Am* Dm
It's so eas - y   when you know the rules.

                     G

    C   C7 F
It's so eas - y; all you have to do____ is fall in love.

                     Fm   C

             G7/B C
Play the game.____ Everybody play the game

                            Gm9

   A♭ B♭
Of love, yeah.

| C* C/B | C7/B♭ Am7 A♭ | G*   A♭ | $\frac{2}{4}$ | F B♭* ||

Verse 2

Cmaj7   **B♭maj7**
When you're feeling down and your re - sistance is low,

Am   **B♭9/A♭**
Light another cigarette and let yourself go.

        C   **Am*** **Dm**   **G**
This is your life; don't play hard to get.

        C **C7**   **F**   **Fm**   **C**
It's a free world; all you have to do___ is fall in love.

            G7/B **C**   **Gm9**
Play the game.___ Everybody, play the game

     A♭   **B♭**   **C*** **C/B** **C7/B** **Am7** **G*** **C****
Of love, ooh,___ yeah.

Bridge

F*   **B♭/F**   **Fmaj7**
  My game of love has just be - gun.

F*   **Dm**   **Gsus4**
(Love runs from my head down to my toes.)

G**   **C/G**   **Em**
My love is pumping through my veins,___ (Play the game.)

C   **Em**   **C**   **D**
Driving me insane.___ (Come, come, come, come,)

    Em7   **C****
Come play the game, play the game,

C/B♭   **Gm9**   **A♭5** **B♭5**
Play the game, play the game.

Breakdown | **C5** | **B♭5** | **A5** | **A♭5**

Guitar solo | **C** **Am*** | **Dm** **G** | **C** **C7** | **F**   **Fm**

Link

C   **G7/B** **C**   **Gm9**
Play the game.___ Everybody, play the game

   A♭5   **B♭5**
Of   love.

      C⁵ **Am** **Dm**   **G**
This is your life; don't play hard to get.

  C   **C⁷**   **F**   **Fm**   **C**
It's a free, free world; all you have to do___ is fall in love.

      G⁷/B   **C**   **Gm⁹** **A♭** **B♭5**
(Play the game.___) Yeah,   play the game___   of love.

C   **Am** **Dm**   **G**
Your life; don't play hard to get.

  C   **C⁷**   **F**   **Fm**   **C**
It's a free, free world; all you have to do___ is fall in love.

      G⁷/B
Play the game,___ yeah.

C   **Gm**   **A♭5**   **B♭5**
Everybody play the game___ of___ love,   of love. *To fade*

Princes Of The Universe

Words & Music by Freddie Mercury

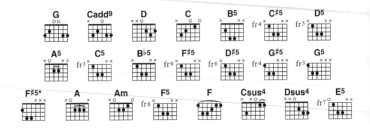

Intro

N.C.
Here we are, born to be kings,

        G   **Cadd9**
We're the princes of the uni - verse.

N.C.   **D**
Here we belong, fighting to survive

      G   **C**
In a world with the darkest powers.

Link 1

$\lVert:$ **B5** | **B5** | **B5** | **B5** $:\lVert$ *Play 3 times*

Verse 1

C♯5
   And here we are,

We're the princes of the universe.

                  N.C.
Here we belong, fighting for survival,

                  B5
We've come to be the rulers of you all.

Link 2

$\lVert:$ **B5** | **B5** | **B5** | **B5** $:\lVert$ *Play 3 times*

boilerplate
© Copyright 1986 Queen Music Limited.
EMI Music Publishing Limited.
All Rights Reserved. International Copyright Secured.

Verse 2

C#5
    I am immortal,

              N.C.
I have inside me blood of kings.

I have no rival,

C#5
No man can be my equal,

D5   B5
Take me to the future of you all.

Chorus 1

A5   D5   C5   Bb5
Born to be kings, princes of the universe.

A5   D5 C#5 F#5   D#5
Fighting and free,   got your world in my hand.

   B5   G#5
I'm here for your love and I'll make my stand.

G5 F#5 B5 A5   G5   F#5* B5
We were born to be princes of the uni - verse.

Bridge 1

G
    No man could understand,

A
    My power is in my own hands.

C5
    Ooh, ooh, ooh, ooh,

People talk about you,

                  Am
People say you've had your day.

I'm a man that will go far,

C
    Fly the moon and reach for the stars.

                  D5   C5
With my sword and head held high,

                F5 C5   F5   C5
Got to pass the test first time, yeah.___

  F   Csus4   C
I know that people talk about me,

  Csus4   C
I hear it every day,

     Csus4   C
But I can prove them wrong,

          Dsus4 D A
'Cause I'm right first time

B5
    Yeah, yeah.

Link 3   **B5**
All right, let's go, let's go.

Haha!

Yeah, watch this man fly,

Bring on the girls,

C'mon, c'mon, c'mon!

Bridge 2   **E5**
Here we are,

D5   **N.C.**   **G**   **Cadd9**
Born to be kings, we're the princes of the uni - verse.

E5
Here will we belong.

Chorus 2   As Chorus 1

Radio Ga Ga

Words & Music by Roger Taylor

F5 F(add9) Gm7 B♭ F/C F

Fm6/A♭ G7/B F* C7sus4 C7 C7sus2

C F/E♭ E♭ B♭* Dm Dm7 B♭/C

Intro		N.C.	N.C.	F5	N.C.	
	N.C.	N.C.	F5	N.C.	
	F(add9)	F(add9)	Gm7	Gm7	
	B♭	B♭	Gm7	B♭ F/C	
				(Ra - dio.)

	F	F(add9)	F(add9)	Gm7	
	Gm7	B♭	B♭	Gm7	
	B♭ F/C	Gm7 F	
	(Ra - dio.)

Verse 1

    F(add9)
I'd sit alone and watch your light,
    Gm7
My only friend through teenage nights.
    B♭
And everything I had to know
    Gm7   B♭   F/C F
I heard it on my radi - o.

Verse 2

    F(add9)
You gave them all those old-time stars,
    Gm7
Through wars of worlds invaded by Mars.

173

cont.   You made 'em laugh, you made 'em cry,

          Gm7   B♭   F/C
       You made us feel like we could fly.

          Gm7   F
       (Ra - dio.)

           F(add9)
Pre-chorus 1   So don't become some background noise

          Fm6/A♭
       A backdrop for the girls and boys

          B♭
       Who just don't know or just don't care,

          G7/B
       And just complain when you're not there.

          F*
       You've had your time, you had the power,

            C7sus4 C7   C7sus2 C
       You've yet to   have your finest   hour.

          B♭   F/C   Gm7   F
       Ra - dio. (Ra - dio.)

          F/E♭   B♭   F
Chorus 1   All we hear is Radio ga ga,

          B♭   F   B♭   F
       Radio goo goo, Radio ga ga.

          F/E♭   B♭   F
       All we hear is Radio ga ga,

          B♭   F   E♭   B♭* C
       Radio blah blah. Radio what's new?

          Dm   F/C   C   C7sus2 C   F
       Radio, some - one still_____ loves you.

          F(add9)
Verse 3   We watch the shows, we watch the stars,

          Gm7
       On videos for hours and hours.

          B♭
       We hardly need to use our ears,

          Gm7*   B♭   F/C   F
       How music changes through the years.

          F(add9)
Pre-chorus 2   Let's hope you never leave old friend,

          Fm6/A♭
       Like all good things on you we depend.

          B♭
       So stick around 'cause we might miss you,

          G7/B
       When we grow tired of all this visual.

cont.

F*
You had your time, you had the power,

       C7sus4 C7   C7sus2 C
You've yet to   have your finest hour.

B♭ F/C Gm7 F
Ra - dio. (Ra - dio.)

Chorus 2

N.C.(F)
‖: All we hear is Radio ga ga,

Radio goo goo, Radio ga ga. :‖

F/E♭   B♭   F*
All we hear is Radio ga ga,

B♭ F*   E♭   B♭* C
Radio blah blah. Radio what's new?

Dm   C   B♭/C C   F
Some - one still   loves you.

Bridge

| F5 | N.C. | N.C. | N.C. | |
| N.C. | N.C. | N.C. | F5 | F5 |

Interlude

F/G   Gm7
  Radio ga ga,   Radio ga ga,
B♭   Gm7* B♭ F/C
   Radio ga ga.

| F | F | Fm6/A♭ | Fm6/A♭ | |
| B♭ | B♭ | G7/B | G7/B | |

F*
You've had your time, you had the power,

C7sus4   C7
You've yet to have your finest hour.

B♭ F/C Gm7 F
Ra - dio. (Ra - dio.)

Outro

F	F	Fm6/A♭	Fm6/A♭	
B♭	B♭	G7/B	G7/B	
F*	F*	C7sus4	C7	
B♭ F/C	Gm7 F	*To fade*		

Save Me

Words & Music by Brian May

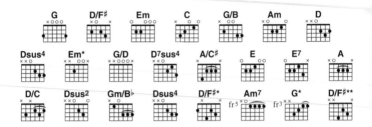

Verse 1

      G   D/F♯   Em D/F♯
It started off___ so well,

    G   C   G/B   Am
  Said we made___ a per - fect pair.

  C   D   Dsus⁴   G   C
I clothed myself___ in your glo - ry and your love.

      G/B   G Em* G/D D
How I loved you,___ how I   cried.

      Am   G   C
The years of care and loyalty

        Am   C G   D
Were nothing but a sham___ it seems.

     C   D D⁷sus⁴   G   C
The years belie,___ we lived___ a lie.

      G/B G   C   G
I'll love you till I die.

Chorus 1

    D   A/C♯   G/B D
Save me, save me, save me,

                      E E⁷   A
I can't face this life___ a - lone.

    D   A/C♯   D/C Dsus² G/B
Save me, save me, save_____ me,

  Gm/B♭ D   C G/B   D
  I'm naked and I'm far___ from home.

      G   **D/F♯**   **Em**
The slate will soon___ be clean.

G   **C**   **G/B** **Am**
  I'll e - rase the mem - ories,

       C   **D Dsus4**   **G**   **C**
To start___ again___ with some - body new.

     G   **Em*** **G/D D**
Was it all wasted, all   that love?

Am   **G**   **C**
I hang my head and I advertise;

      Am   **C G**   **D**
"A soul___ for sale___ or rent."

C   **D D7sus4 G**   **C**
I have no heart___ I'm   cold in - side,

G/B G C   **G**
I have no real in - tent.

D   **A/C♯**   **G/B D**
Save me, save me, save me,

              E E7 **A**   **G**
I can't face this life___ a - lone.

D   **A/C♯**   **D/C Dsus2 G/B Gm/B♭**   **D**
Save me, save me, oh,_____ I'm naked

      C G/B   **Am**
And I'm far_____ from home.

| **G** **D/F♯*** | **Em** **G** | **C** **G/B** | **Am** | |

| **C** **D** | **G D C G/B** | **G/B Am7 G/D D** | **D** | |

      C   **D**   **G**   **C**
Each night I cried,___ I still believe the lie,

    G/B G   **C G**
I'll love you un - til I die. Oh!

D   **A/C♯**   **G**   **D**   **E E7**
Save me, save me, save me.

A G   **D**   **A/C♯**
  (Yeah, save me,) Yeah, (save me,)

   D/C Dsus2   **G/B**   **Gm/B♭**
Oh,_____ save___ me,

      D   **C G/B D** **G**
Don't let me face my life___ a - lone.

D   **A/C♯**   **D/C G/B Gm/B♭**
Save me, save me, oh,

D   **C G**   **D**   **G* D D/F♯** C G* D**
I'm naked and I'm far___ from home.

Seaside Rendezvous

Words & Music by Freddie Mercury

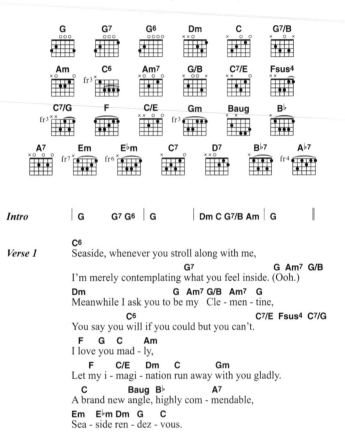

Intro | G   G7 G6 | G | Dm C G7/B Am | G ‖

Verse 1

C6
Seaside, whenever you stroll along with me,

                  G7   G Am7 G/B
I'm merely contemplating what you feel inside. (Ooh.)

Dm   G Am7 G/B Am7 G
Meanwhile I ask you to be my   Cle - men - tine,

            C6   C7/E Fsus4 C7/G
You say you will if you could but you can't.

   F   G   C   Am
I love you mad - ly,

        F   C/E   Dm   C   Gm
Let my i - magi - nation run away with you gladly.

    C   Baug B♭   A7
A brand new angle, highly com - mendable,

Em   E♭m Dm G   C
Sea - side ren - dez - vous.

Bridge 1

N.C.   **F**
I feel so ro - mantic, can we do it again,

      Gm
Can we do it again sometime? (Ooh, I like that.)

    C⁷   **A⁷**   **D⁷**
Fan - tastic, c'est la vie Madames et Mes - sieurs.

         B♭⁷   **A⁷**   **A♭⁷**   **G⁷**
And at the peak of the season, the Mediter - ranean,

G **Am⁷** **G/B** **Am⁷** **G**
  This time of   year, it's so fashionable.

Verse 2

C⁶
Du du, du du du du du, du du du du du.

          G⁷ **N.C.**
Da da da da da.   Du du du.

Dm   **G** **Am⁷** **N.C.**
Du du, du du du du, du du, du du.

     C⁶
Du, du du du du du du du du.

C⁷/E **Fsus⁴** **C⁷/G** **F**   **G** **C**   **Am** **F**   **N.C.** **G**
Ooh,_____ yeah, yeah,   mmm,___ du.

           C   **Baug**   **B♭**   **A⁷**
Du du du du du, (du du,) du du, (du du,) du du, (du du du du)

Em **E♭m** **G** **C**
Du du,   du du.

Bridge 2

N.C.   **F**
I feel like dancing in the rain,

Gm   **C⁷**
Can I have a volunteer? (Just keep right on dancing.)

                   A⁷ **D⁷**
What a damn jolly good idea.

         B♭⁷   **A⁷**   **A♭⁷**   **G⁷**
It's such a jollifi - cation as a matter of fact,

    G **Am⁷** **G/B** **Am⁷** **G**
So tres char - mant my dear.

Verse 3

N.C.   **C6**
Underneath the moonlight, together we'll sail across the sea,

G7   **G**   **Am7**   **G/B**
Reminiscing eve - ry night.

Dm   **G**   **Am7**   **G/B**   **Am7**   **G**
Meantime, I ask you to be   my   Va - len - tine,

              C6
You say you'd have to tell your daddy if you can.

C7/E   **Fsus4**   **C7/G**   **F**   **G**   **C**   **Am**
I'll   be   your   Va - len - ti - no,

       F   **C/E**   **Dm**   **C**   **N.C**
We'll ride up - on an omni - bus and then the casino.

C   **Baug**   **B♭**   **A7**
Get a new facial, start a sen - sational

Em   **E♭m** **Dm**   **G**   **C**   **N.C.**
Sea - side ren - dez - vous, so adorable.

Em   **E♭m** **Dm**   **G**   **C**   **N.C.**
Sea - side ren - dez - vous, ooh ooh.

Em   **E♭m** **Dm**   **G**   **C**   **N.C.**   **C**
Sea - side ren - dez - vous, give us a kiss.

The Show Must Go On

Words & Music by Freddie Mercury, Brian May, John Deacon & Roger Taylor

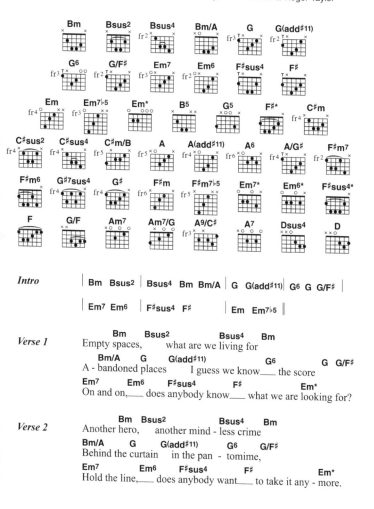

Intro

| Bm Bsus² | Bsus⁴ Bm Bm/A | G G(add♯11)| G⁶ G G/F♯ |

| Em⁷ Em⁶ | F♯sus⁴ F♯ | Em Em⁷♭5 ‖

Verse 1

    Bm Bsus²   Bsus⁴ Bm
Empty spaces, what are we living for
 Bm/A   G G(add♯11)   G⁶   G G/F♯
A - bandoned places I guess we know___ the score
Em⁷   Em⁶   F♯sus⁴   F♯   Em*
On and on,___ does anybody know___ what we are looking for?

Verse 2

     Bm Bsus²   Bsus⁴ Bm
Another hero, another mind - less crime
 Bm/A   G G(add♯11)   G⁶   G/F♯
Behind the curtain in the pan - tomime,
Em⁷   Em⁶   F♯sus⁴   F♯   Em*
Hold the line,___ does anybody want___ to take it any - more.

Chorus 1

N.C.   B5   G5
The show must go on, the show must go on, yeah.

     Em*   F#*
In - side my heart is breaking, my make-up may be flaking

      Em*   Bm
But my smile___ still stays on.

Verse 3

      C#m   C#sus2   C#sus4   C#m
Whatever happens   I leave it all_____ to chance,

    C#m/B   A   A(add#11)   A6   A   A/G#
An - other heart-ache,   another failed___ romance.

F#m7   F#m6   G#7sus4   G#   F#m
On and on,___ does anybody know___ what we are living___ for?

Verse 4

F#m7b5   F#m   C#m   C#sus2   C#sus4
    I guess I'm learning,   I must be warmer_____ now,

C#m   C#m/B   A   A(add#11)   A
I'll   soon be turning   'round the corner now.

A/G#   F#m7   F#m6
Out - side the dawn is breaking

    G#7sus4   G#   F#m   F#m7b5   Em*
But inside the dark___ I'm aching to be free.

Chorus 2

N.C.   B5   G5
The show must go on, the show must go on, yeah.

   Em7*   Em6*   F#sus4*   F#*
In - side my heart is break - ing, my make-up may be flak - ing

       Em   Em7b5   Bm
But my smile___   still stays on.

Guitar solo

| Bm   Bsus2 | Bsus4   Bm   Bm/A | G   G(add#11)| G6   G   G/F# |

| Em7   Em6 | F#sus4   F# | Em   Em7b5 ‖

Bridge

F   G/F   Em7*   Am7   Am7/G
   My soul is painted like the wings of butter - flies,

F   G/F   Em7*   Am7
Fairy tales of yesterday will grow but never die,

    A9/C#   A7   Dsus4   D
I___ can fly___ my friends.

Chorus 3

N.C.   Bm   Bsus2   Bsus4
The show must go on,   yeah,

Bm   Bm/A   G   G(add#11)   G6   G
The show must go on

G/F#   Em7   Em6   F#sus4   F#
    I'll face it with a grin,___ I'm never giving in

Em   Em7♭5
On___ with the show.

Outro

| Bm   Bsus2 | Bsus4   Bm   Bm/A | G   G(add#11) | G6   G

G/F#   Em7   Em6
Ooh, I'll top the bill, I'll___ overkill,

F#sus4   F#
I___ have to find the will___ to carry on,

Em   Em7♭5   Em
(On with the show, on with the...) Show.

N.C.   Bm
(Show must go on, go on, go on, go on, go on.)

‖: N.C.
  Go on, go on. :‖ *Repeat to fade*

Seven Seas Of Rhye

Words & Music by Freddie Mercury

D5   G5   E5   A5

C5   F#5   B♭5   E♭5   G/B

Intro   ‖: D5 | D5 :‖ G5 | G5 |

| D5 | D5 | E5 | A5 ‖

Verse 1

D5
Fear me you lords and lady preachers.

        A5   G5
I descend upon your earth from the skies.

                        D5
I command your very souls, you unbeliev - ers.

    E5   A5   D5
Bring before___ me what is mine,___ the Seven Seas of Rhye.

Verse 2

D5
Can you hear me, you peers and privy counsellors

        A5   G5
I stand before you, naked to the eyes.

                    D5
I will destroy any man who dares a - buse my trust.

E5   A5   D5
I swear that you'll be mine,   the Seven Seas of Rhye.

Bridge

D5   C5 G5
Sister,___ I live and lie for you.

D5   C5 G5
Mister,___ do and I'll die.

        D5   E5
You are mine; I pos - sess you,

                    G   F#   E
                    3fr 2fr 0fr
                    ⑥   ⑥   ⑥   D5
    F#5
Be - long to you for - ever.

Guitar solo

‖: B♭5   E♭5 | B♭5   E♭5 | B♭5   E♭5 :‖

| D5 | D5 | D5 | D5   ‖

G5

Bridge 2   Storm the master marathon; I'll fly through.

                                    C5   G/B
             By flash and thunder fire and I'll sur - vive.

             A   **B**   **C**   **C♯**   **D**
             0fr   2fr   3fr   4fr   5fr
             ⑤   ⑤   ⑤   ⑤   ⑤   **D5**
             Then I'll defy___ the laws of nature and come out a - live.

             (Then I'll get you!)

             D5

Verse 3   Be gone with you, you shod and shady senators.

                                         A5   G5
             Give out the good, leave out the bad evil cries.

                                    D5
             I challenge the mighty titan and his troubadours.

             E   **F♯**   **G**
             0fr   2fr   3fr
             ⑥   ⑥   ⑥   **D5**
             And with a smile, _____ I'll take you to the Seven Seas of Rhye.

Outro   ‖: D5 | D5 | D5 | D5   :‖
Guitar solo

             | C5 | C5 | C5   ‖

Sheer Heart Attack

Words & Music by Roger Taylor

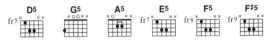

D5 fr5
G5
A5
E5 fr7
F5 fr8
F#5 fr9

Capo first fret

Verse 1

   N.C.   **D5**   **G5**   **A5**
Well you're just seventeen, all you wanna do is dis - appear.

         D5   **G5**   **A5**
You know what I mean, there's a lot of space between our ears.

         D5   **G5 A5**
The way that you touch, don't feel n-n-nothin'.

Pre-chorus 1

  E5
Hey, hey, hey, hey, It was the D.N.A.

                            F5 F#5
Hey, hey, hey, hey, that made me this way.

D5   **G5**   **A5**
  Do you know, do you know, do you know just how I feel?

D5   **G5**   **A5**
  Do you know, do you know, do you know just how I feel?

Chorus 1

    G5 A5 G5 A5 G5 A5   **G5 A5**
Sheer_____ heart at - tack.

    G5 A5 G5 A5 G5 A5   **G5 A5**
Sheer_____ heart at - tack.

  G5 A5 G5 A5 G5 A5   **G5 A5**
Real_____ car - di - ac.

E5
  I feel so inar, inar, inar, inar, inar, inar, inar, inarticulate.

Verse 2

    D5   **G5**   **A5**
  Gotta feelin', gotta feelin', gotta feelin', like a par - alyze.

    D5   **G5**   **A5**
  It ain't no, it ain't no, it ain't no, it ain't no surprise.

    D5   **G5**   **A5**
  Turn on the T. V., let it drip right down in your eyes.

Pre-chorus 2   As Pre-chorus 1

Chorus 2   As Chorus 1

Pre-chorus 3
D5   G5 A5
Just how I feel.

D5
Do you know, do you know, do you know, do you know just how I feel?
                                                  G5   A5

Link   ‖: A5 | A5 | A5 | A5 :‖

| N.C. | N.C. | N.C. | N.C. ‖

Pre-chorus 4
D5   G5 A5
Do you know, do you know, do you know just how I feel?

D5   G5   A5
Do you know, do you know, do you know, do you know just how I feel?

Chorus 3
G5 A5 G5 A5 G5 A5   G5 A5
Sheer_____ heart at - tack.

G5 A5 G5 A5 G5 A5   G5 A5
Sheer_____ heart at - tack.

G5 A5 G5 A5 G5 A5   G5 A5
Real_____ car - di - ac.

Somebody To Love

Words & Music by Freddie Mercury

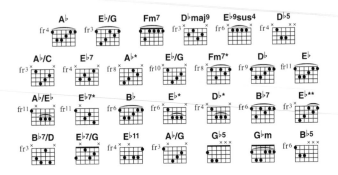

Intro

A♭   E♭/G Fm⁷ D♭maj⁹ E♭9sus⁴
Can an - y - bod - y   find me

D♭5   A♭/C E♭7   N.C. A♭* E♭/G*
Somebod - y   to love?

Fm⁷* D♭   E♭ A♭/E♭ E♭7*
Ooh,___ ooh.

Verse 1

      A♭   E♭/G Fm⁷
Each morning I get up I die a little,

   A♭   B♭   E♭*
Can barely stand___ on my feet.

  D♭* A♭ E♭/G   Fm⁷
Take a look_____ in the mirror and cry,

B♭7   E♭*
Lord, what you're doing to me.

    A♭   B♭7   E♭*
I have___ spent all my years in be - lieving you

    E♭**   B♭/D   E♭7 D♭*
But I just can't get no re - lief, Lord.

A♭
Somebody (Somebody,) ooh, somebody, (Please.)
E♭7/G Fm7 D♭maj9
Can any - body find me
E♭11   **A♭ A♭/G Fm7   D♭**
Somebody to love?   Yeah.

E♭ A♭/E♭ E♭7   A♭
                    I work hard (He works hard.)
         E♭/G   Fm7
Every day of my life,
         A♭   B♭   E♭*
I___ work till I___ ache my bones.
    D♭* A♭   E♭/G   Fm7
At the end, (At the end of the day,)
                         B♭7   **E♭***
I take home my hard-earned pay all___ on my own.
                    A♭   B♭7   E♭*
I go down___ on my knees and I___ start to pray
              E♭**   **B♭7/D**   **E♭7 D♭***
Till the tears run down from my eyes, Lord.

A♭
Somebody (Somebody,) ooh, somebody, (Please.)
              E♭7/G Fm7 D♭maj9
Can any - body find me
E♭11   **A♭**
  Somebody to love?

D♭5
   (He works hard.) Every day I've tried, I've tried, I've tried
         G♭5
But everybody wants to put me down.
              G♭m
They say   I'm going crazy.
B♭5
   They say I got a lot of water in my brain.

Ah, I got no common sense.
                              E♭*
I got nobody left to be - lieve.

(Yeah, yeah, yeah, yeah.)

Guitar solo		A♭ E♭/G	Fm7		A♭ B♭	E♭*	D♭*

| | A♭ E♭/G | Fm7 | B♭ | E♭* | |

| | A♭ B♭7 | E♭* | E♭** B♭7/D | E♭7 D♭* |

(Ooh,_____) Ooh, Lord,

Chorus 3

A♭   E♭7/G Fm7 D♭maj9
Ooh, somebody, ooh, any - body find me

E♭11   A♭   A♭/G
  Some - body to love.

            Fm7 D♭   E♭   A♭/E♭
(Can any - body find me someone...)

Verse 3

E♭7   A♭ E♭/G   Fm7
Got no feel,_____ I got no rhythm,

   A♭   B♭   E♭*
I'll___ just keep losing my beat.

    D♭* A♭   E♭/G Fm7
I'm___ O.K., I'm all right.

    B♭7   E♭*
I ain't gonna face no defeat.

    A♭   B♭7   E♭*
I just gotta get out___ of this prison cell,

      E♭**   B♭7/D   E♭7 D♭*
Some - day I'm gonna be free,___ Lord.

Chorus 4

(N.C.)
‖: (Find me somebody to love.) :‖ *Play 10 times*
                             with lead vocal ad lib.

(Somebody, somebody, somebody, somebody, somebody,)

(Find me somebody, find me somebody to love.)
    A♭   E♭/G Fm7 D♭maj9 E♭11
Can any - body find me

    N.C.
Some - body to love?

Outro chorus

 A♭ A♭/G   Fm7   D♭* E♭* A♭
‖: (Find me somebody to___ love.) :‖ *Play 7 times*
                               with lead vocal ad lib.

N.C.
 Find me, find me, find me, love.

Spread Your Wings

Words & Music by John Deacon

Intro | D | D ‖

Verse 1

Dadd9   **E9**
Sammy was low, just watching the show

G6   **Gm6**   **D**
Over and over a - gain.

Dadd9   **E9**
Knew it was time, he'd made up his mind

G6   **Gm6**   **D**
To leave his dead life be - hind.

    Bm   **Bm/A**   **G♯m7♭5**
His boss said to him, "Boy you'd better begin

   G   **A**   **D**
To get those crazy notions right out of your head.

Em   **C7**
Sammy, who do you think that you are?

D   **Em**   **Gmaj7 Gm6**   **D**
  You should've been sweeping   up the Emerald bar."

Chorus 1

D   Bm
Spread your wings and fly away,

E9   A
Fly away, far away.

D   Bm
Spread your little wings and fly away,

E9   A
Fly away, far away.

Gm6
Pull yourself together

          D
'Cause you know you should do better,

Gm6   D
That's because you're a free man.

Link 1

| Gm/B♭ Csus2 | D   ‖

Bridge 1

N.C.   Bm   Bm/A G♯m7♭5
He spends his evenings alone in his hotel room

A   F♯sus4   F♯
Keeping his thoughts to himself,   he'd be leaving soon.

Bm   Bm/A G♯m7♭5
Wishing he was miles   and miles away,

A   F♯sus4   F♯
Nothing in this world, nothing would make him stay.___

Guitar solo

| G A | D Gm/D | E7/D E | A   ‖

Verse 2

Dadd9   E9
Since he was small, had no luck at all,

G6   Gm6   D
Nothing came easy to him.

Dadd9   E9
Now it was time he'd made up his mind,

G6   Gm6   D
"This could be my last chance."

Bm   Bm/A   G♯m7♭5
His boss said to him, "Now listen boy!   You're always dreaming,

        G   A   D
You've got no real ambition, you won't get very far.

Em   C7
Sammy boy, don't you know who you are?

  D   Em Gmaj7   Gm6   D
Why can't you be happy   at the Emerald bar?"

Chorus 2

D   **Bm**
So honey, spread your wings and fly away,

E9   **A**
Fly away, far away.

D   **Bm**
Spread your little wings and fly away,

E9   **A**
Fly away, far away.

Gm6
Pull yourself together,

              D
'Cause you know you should do better,

Gm6   **D**
   That's because you're a free man.

Link 2

| **Gm/B♭ Csus2** | **D** | ‖

Outro

D | **Bm** | **E9** | **A** |
   C'mon honey, fly with me.

‖: **D** | **Bm** | **E9** | **A**   :‖ *Repeat to fade*

Son And Daughter

Words & Music by Brian May

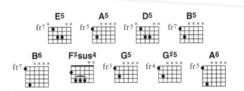

Intro

E5
I want you.

riff _____

	G E A G E E	B D A G E	E G E G	
	E5 3fr 0fr 5fr 3fr 0fr 0fr	7fr 5fr 5fr 3fr 0fr	A5 0fr 3fr 0fr 3fr	
	⑥ ⑥ ⑥ ⑥ ⑥ ⑥	⑥ ⑤ ⑥ ⑥ ⑥	⑥ ⑥ ⑥ ⑥	

Woman.

| riff | (riff) ‖

Verse 1

E5   D5 E5   D5   E5   D5   E5 D5 riff
Tried to be a son and daughter rolled in - to one,

    E5   D5 E5   D5 E5   D5 E5 D5 riff
You said you'd equal any man   for having your fun.

    B5   B6   B5   B6
Ooh, now didn't you feel sur - prised to find

    B5   B6   B5 A5
The cap just didn't fit?

    F♯sus4
The world expects a man

                          G5 G♯5
To buckle down and shovel shit.

A5   A6   A5
What'll you do for loving

A6   A5 A6   A5 G5 E5
When it's only just be - gun?

               (riff) *(x2)*
I want you to be a woman.

E5   D5 E5   D5   E5   D5 E5 D5 riff
Tried to be a teacher and a fisher of men,

   E5   D5 E5   D5   E5   D5   E5   D5 riff
An equal people preacher, will you lead us all the same?

      B5   B6   B5
Ooh, well, I travelled a - round the world

   B6   B5   B6   B5 A5
And found a brand new word for day.

     F#sus4
Ooh, watching the time, mustn't linger behind,

           G5 G#5
Pardon me I have to get away.

    A5   A6   A5
Ooh, what'll you think of heaven

A6   A5   A6   A5 G5 E5
If it's back from where you came?

N.C.   E5 D5
I want you to be a woman.

E5   D5   E5   D5
  I want you to be a wo - man.

E5 D5
    Yeah.

Link | riff | (riff)   ‖

Outro

B5   A5   B5
Ooh, and you know I gotta save the world.

     A5   B5
Ooh, and I've just be - gun.

A5
  All right.

‖: B5 | B5 A5 | B5 | B5 A5 :‖ *Repeat to fade*

Staying Power

Words & Music by Freddie Mercury

Chord names in parentheses are single notes

Intro

D9	D9	D9	D9
Hah,		let me show	it to you,
D9	D9	D9	D9
Yeah,		ah,	
Em7	Em7	Em7	Em7
Hey, yeah.		ah,	
Em7	Em7	

Verse 1

(D)   (C)   (G)
See what I got,

(D)   (C)   (G)
I got a hell of a lot.

(D)   (C)   (G)
Tell me what you feel,

(D) (C) (G)
Is it real, is it real?

G   C
You know I got what it takes

G   C
And I can take a lot.

(F)   (G) (B)
Did you hear the last call?

(C)   (D)   (C) (B) N.C.
Baby, you and me got staying power, yeah, yeah,

(D) (C) (B) (A) (G) N.C.   D9
You and me, we got staying power,

Staying power, I got it, I got it.

Bridge 1

Em⁷
   Hah,

Em⁷
I wonder when we're gonna make it?

I wonder when we're gonna shake it?

Verse 2

(D)   **(C)**   **(G)**
Rock me baby, rock me,

(D)   **(C)**   **(G)**
C'mon you can shock me.

          (D) (C)   **(G)**
Let's catch on to the groove,

         (D)   **(C)**   **(G)**
Make it move, make it move, yeah.

G   **C**
You know how to shake that thing,

   G   **C**
We'll work it, work it, work it.

         (F)   **(G)** **(B)**
You and I can play ball,

(C)   **(D)**   **(C) (B) N.C.**
Baby, you and me got staying power, yeah, yeah,

(D) (C) (B) (A) (G) N.C.   **G⁵**
You and me, we got staying power.

Instrumental

G⁵ F⁵ D⁵ C⁵	B♭⁵ G⁵*	G⁵ F⁵ D⁵ C⁵	B♭⁵ G⁵*
N.C.(G⁷)	N.C.(G⁷)	N.C.(G⁷)	N.C.(G⁷)
A⁵ G⁵ F⁵ D⁵	B♭⁷	B♭⁷	Gsus⁴ C⁷
A⁵* D			

         Ooh.

Link 1

| D⁹ | D⁹ | D⁹ | D⁹ |

       Oh,_____ yeah, yeah, yeah, ooh, yeah.

Bridge 2	As Bridge 1

Verse 3

Em7   (D) (C)   (G)
I've got fire down be - low,

          (D)   (C)   (G)
I'm just a regular dyna - mo.

            (D)   (C)   (G)
Want some smooth compa - ny,

               (D)   (C)   (G)
Don't lose con - trol just hang on out with me.

G   C
Got to get to know each other,

    G   C
But we got plenty of time.

        (F)   (G) (B)
Did you hear the last call?

(C) (D)   (C) (B) N.C.
Baby, you and me got staying power, yeah.

      (D) (C) (B) (A) (G) N.C.   D9
Huh, you and me, we got staying power.

Link 2

D9	D9	D9	D9	
D9	D9			

Interlude

F5 G5 N.C.   F5 G5 N.C.   F5 G5 N.C.   F5 G5 N.C.
      Power,   power,   power,   power,

F5 G5 N.C.   F5 G5 N.C.   F5 G5 N.C.   F5 G5 N.C.   G5   A5 G5 A
      Power,   power,   power,   staying pow - er.

G5 A5 G5 A5	D5	

Bridge 3

Em⁷
I wonder where we're gonna stick it?

I wonder when we're gonna trick it?

Verse 4

(D)   (C)   (G)
Blow, baby blow,
(D)   (C)   (G)
Let's get down and go, go.
      (D) (C)   (G)
Get your - self in the mood,
    (D)   (C)   (G)
Got to give a little bit of attitude.
G   C
Baby, don't you crash.
     G   C
Let's just trash, trash, trash.
     (F)   (G) (B)
Did you hear the last call?
(C)   (D)   (C) (B) N.C.
Baby, you and me got staying power, yeah.
(D) (C) (B) (A) (G) N.C.   D⁹
You and me, we got staying power.

I like it, staying power,

Yeah, yeah, got'cha.

Stone Cold Crazy

Words & Music by Brian May, Freddie Mercury, John Deacon & Roger Taylor

Chord diagrams: C5, B♭5, G5, B♭5/C, B5, C, A/B, A5/B, Bm7

Intro

(**C5**) *(feedback)*

riff

F G G G G G · B♭5 · B♭5 · F G G B♭ C C C · B C C# D

Play 4 times

Verse 1

G5   N.C.
Sleeping very soundly on a Saturday morning,

I was dreaming I was Al Capone.

There's a rumour going 'round, gotta clear outta town.

Yeah, I'm smelling like a dry fish bone.

Here come the law, gonna break down the door,

Gonna carry me away once more.

Never, I never, I never want it anymore,

Gotta get away from this stone cold floor.

C5   B♭5/C C5 N.C.
Crazy._____ (Stone cold crazy, you know.)

Interlude 1

‖: riff | (riff) | (riff) | (riff) :‖

Guitar solo 1

| G A A# B | B5 | B5 | B5 |

| B5 | B5 | B5 | |

| B A F# | E D B |

As Interlude 1

G5   **N.C.**
Verse 2   Rainy afternoon I gotta blow a typhoon

                                    C
    And I'm playing on my slide trombone.
    N.C.
    Anymore, anymore, cannot take it anymore,
    B♭5   **C5**
    Gotta get away from this stone cold floor.
    C5   **B♭5/C** **C5** **N.C.**   **B♭5**
    Crazy._____ (Stone cold crazy, you know.)   Ow!

Guitar solo 2 | **B5** | **B5**   **A/B** | **B5** | **B5**   **A5/B** |

                | **B5** | **B5**   **A/B** | B A F♯ 4fr 2fr 4fr ③ ③ ④ | E D B 2fr 5fr 2fr ④ ⑤ ⑤ |

                | **B5** | **Bm7** | **B5** | **Bm7** |

                | **B5** | **Bm7** | B A F♯ 4fr 2fr 4fr ③ ③ ④ | E D B 2fr 5fr 2fr ④ ⑤ ⑤ |

                | **B5** | **B5** | **B5** | **B5** |

                | **B5** | **B5** | B A F♯ 4fr 2fr 4fr ③ ③ ④ | E D B 2fr 5fr 2fr ④ ⑤ ⑤ |

Interlude 3 ‖: riff | (riff) | (riff) | (riff)   :‖

                G5   **N.C.**
Verse 3   Walking down the street, shooting people that I meet,

    With my rubber Tommy water gun.

    Here come the deputy, he's gonna come and get me,

    I gotta get me, get up and run.

    They got the sirens loose, I ran right out of juice.

    They're gonna put me in a cell.

    If I can't go to heaven, will they let me go to hell?
    C5   **B♭5/C** **C5** **N.C.**   **G5**
    Crazy._____ (Stone cold crazy, you know.) Ow!

Tear It Up

Words & Music by Brian May

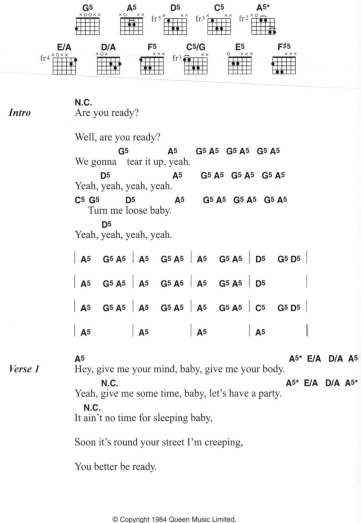

G5   A5   D5   C5   A5*

E/A   D/A   F5   C5/G   E5   F#5

Intro

N.C.
Are you ready?

Well, are you ready?

    G5   A5 G5 A5 G5 A5 G5 A5
We gonna tear it up, yeah.

  D5   A5 G5 A5 G5 A5 G5 A5
Yeah, yeah, yeah, yeah.

C5 G5 D5   A5   G5 A5 G5 A5 G5 A5
 Turn me loose baby.

   D5
Yeah, yeah, yeah, yeah.

| A5   G5 A5 | A5   G5 A5 | A5   G5 A5 | D5   G5 D5 |

| A5   G5 A5 | A5   G5 A5 | A5   G5 A5 | D5 |

| A5   G5 A5 | A5   G5 A5 | A5   G5 A5 | C5   G5 D5 |

| A5 | A5 | A5 | A5   ‖

Verse 1

A5   A5* E/A D/A A5
Hey, give me your mind, baby, give me your body.

     N.C.   A5* E/A D/A A5*
Yeah, give me some time, baby, let's have a party.

   N.C.
It ain't no time for sleeping baby,

Soon it's round your street I'm creeping,

You better be ready.

| | N.C.   A⁵   G⁵ A⁵   G⁵ A⁵ |
| *Chorus 1* | We gonna tear it up,   stir it up, |

                G⁵ A⁵ D⁵
Break it up,   baby.

              A⁵   G⁵ A⁵   G⁵ A⁵
You gotta tear it up,   shake it up,

            G⁵ A⁵   C⁵ G⁵   D⁵
Make it up   as you go along.

A⁵   G⁵ A⁵   G⁵ A⁵
Tear it up,   yeah, square it up,   yeah,

          G⁵ A⁵ D⁵
Wake it up,   baby.

A⁵   G⁵ A⁵   G⁵ A⁵
Tear it up,   stir it up,

A⁵   G⁵ A⁵   G⁵   F⁵ C⁵/G
Stake it out   and you can't go wrong.

| | ‖ D⁵ | D⁵ | D⁵ | D⁵   ‖ |
| *Link 1* | Hey,   listen. |

| | A⁵ |
| *Verse 2* | I love you 'cause you're sweet, |

                     A⁵* E/A D/A A⁵*
Love you 'cause you're naughty,

         N.C.
Yeah, I love you for your mind, baby,

             A⁵* E/A D/A A⁵*
Give me your body.

          N.C.   A⁵* E/A D/A A⁵*
Mmm, I wanna be a toy at your birthday party,

E⁵   F#5   G⁵   N.C.
Wind me up, wind me up, wind me up,   let me go.

| | A⁵   G⁵ A⁵   G⁵ A⁵ |
| *Chorus 2* | Tear it up,   stir it up, |

           G⁵ A⁵   D⁵
Break it up,   let me go.

A⁵   G⁵ A⁵   G⁵ A⁵
Tear it up,   shake it up,

          G⁵ A⁵   C⁵ G⁵   D⁵
Make it up   as you go along.

A⁵   G⁵ A⁵   G⁵ A⁵
Tear it up,   ha ha, turn it up,

          G⁵ A⁵ D⁵
Burn it up.

Bridge

      D5   **A5**   **C5**
Are you ready?

D5   **A5**   **F5**   **G5**   **A5**   **C5 D5**
Yeah, baby, baby, baby, are you ready for me? (Oh yeah)

A5 F5   **G5**   **A5**   **C5 D5**
  I love you baby, baby, baby, are you ready for love? (Oh yeah)

       A5   **F5**   **G5**   **A5**   **C5 D5**
Are you ready, are you ready, are you ready for me? Hey. (Oh yeah)

A5   **F5**
  Hey, I love you so near, I love you so far,

  G5
I gotta tell you baby you're driving me ga-ga.

Outro

‖: A5   G5 A5 | A5   G5 A5 | A5   G5 A5 | D5 |

| A5   G5 A5 | A5   G5 A5 | A5   G5 A5 | C5   G5 D5 :‖ *Ad lib. to fade*

'39

Words & Music by Brian May

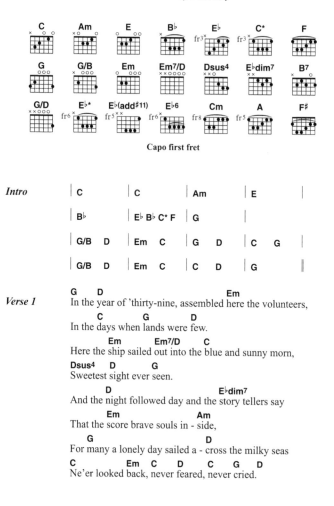

Capo first fret

Intro

C		C		Am		E		
Bb		Eb Bb C* F		G				
G/B	D	Em	C	G	D	C	G	
G/B	D	Em	C	C	D	G		

Verse 1

  G   D   Em
In the year of 'thirty-nine, assembled here the volunteers,

             C   G   D
In the days when lands were few.

          Em   Em7/D   C
Here the ship sailed out into the blue and sunny morn,

Dsus4   D   G
Sweetest sight ever seen.

             D   Ebdim7
And the night followed day and the story tellers say

      Em   Am
That the score brave souls in - side,

  G
For many a lonely day sailed a - cross the milky seas

                            D

C   Em   C   D   C   G   D
Ne'er looked back, never feared, never cried.

Chorus 1

D   G   C   G
Don't you hear my call though you're many years a - way,

                            D
Don't you hear me calling you?

        G   B7   Em G/D   C   G/B   Am
Write your letters in the sand for the day I take your hand

      G/B C   D   G
In the land that our grandchildren knew.

Interlude

| E♭* E♭(add♯11) E♭* | E♭6   E♭* |
                                 Ah,

| Cm | Cm |
Ah._____

| A | A |
Ah._____

| C | F♯ C |
Ah._____

| Am | E |
Ah._____

| B♭ | E♭ B♭ C* F | G   ‖
Ah._____

Verse 2

G   D   Em
In the year of 'thirty-nine came a ship in from the blue,

             C   G   D
The volun - teers came home that day.

         Em   Em7/D   C
And they bring good news of a world so newly born,

         Dsus4   D   G
Though their hearts so heavily weigh.

      D   E♭dim7
For the earth is old and grey, little darling we'll away,

      Em   Am
But my love, this cannot be.

   G   D
Oh, so many years have gone, though I'm older but a year,

  C   Em C   D   C   G D
Your mother's eyes from your eyes cry to me.

Chorus 2   As Chorus 1

Chorus 3
D   G   C   G
Don't you hear my call though you're many years a - way,

                              D
Don't you hear me calling you?

          G   B7   Em G/D   C   G/B   Am
All your letters in the sand cannot heal me like your hand,

          Em   D   N.C.
For my life still a - head, pity me.

Tenement Funster

Words & Music by Roger Taylor

[Chord diagrams: Em, Am, G (fr3), G7, C, Cm7 (fr3), D, Dmaj7, D7, E5, A5 (fr7), G#m (fr4), Bm, B, D# (fr6)]

⑥ = D ③ = G
⑤ = A ② = B
④ = D ① = E

Intro | Em | Am ‖

Verse 1
　　　　　Em　　　　　　　　Am　　　　　Em　　　　　　　　　　G
　　My new purple shoes　　have been a - mazing the people next door.
　　　　　G7　　　　　　　　　C
　　And my rock 'n' roll forty-fives
　　　　　　Cm7　　　　　　　　　　　D　　　　　Dmaj7　D7
have been en - raging the folks on the lower floor.

Verse 2
　　　　　Em　　　　　　　　　　　Am
　　I've got a way with the girls on my block,
　　　　　Em　　　　　　　　　Am
Try my best, be a real indi - vidual.
　　Em　　　　　　　　　　　G
　　And when we go down to smokies and rock,
　　　　　C　　　　　Cm7　　　　　　D　　Dmaj7　D7
They line up like it's some kinda ritu - al.

Chorus 1
　　　　　E5　　　　　　　A5　　　　　　　　　　　E5　　　　　　　　　　　A5
Ooh, give me a good guitar, and you could say that my hair's a dis - grac
　　　　　E5　　　　　　　G
Or just find me an open car,
　　　　　　　C　　　　　Cm7　　　　　D
I'll make the speed of light out of this place.

Em		G		
G♯m	Bm	G♯m	Bm	
G♯m	B	D♯	D♯	‖

Verse 3

E⁵   A⁵

    Mmm, I like the good things in life,

   E⁵   A⁵

But most of the best things ain't free.

      E⁵   G

Some same situation, just cuts like a knife,

                 C   Cm⁷   D   Dmaj⁷

When you're young, and you're poor, and you're crazy.

D⁷   D   Dmaj⁷ D⁷

(Young and you're crazy, young and you're crazy, young and you're crazy.)

Chorus 2

E⁵   A⁵   E⁵   A⁵

Ooh, give me a good guitar and you could say that my hair's a dis - grace

E⁵   G

Or just find me an open car,

                 C   Cm⁷   D   Dmaj⁷ D⁷

I'll make the speed of light out of this place.

209

These Are The Days
Of Our Lives

Words & Music by Brian May, Freddie Mercury, Roger Taylor & John Deacon

Verse 1

C
Sometimes I get to feeling

   F/C   C F   Bb/F F
I was back in the old days, long ago.

C
  When we were kids, when we were young,

F/C   C   F   Bb/F F
  Things seemed so perfect, you know?

C/G
  The days were endless, we were crazy, we were young,

G
  The sun was always shining, we just lived for fun.

Dm
  Sometimes it seems like lately, I just don't know,

Am   C   C/G G7
  The rest of my life's been just a show.

Chorus 1

  C   F/C   C G/B Am7 G Fsus2
Those were the days of   our lives,

    C   F/C   C G/B C   G Fsus2
The bad things in life   were so few.

      C   Dm7 C G/B Am7 G Bb Fsus4 Bb F/A
Those days are all gone now but one thing is true,

        C/G   G   Fsus2
When I look and I find I still love you.

Verse 2

C
  You can't turn back the clock,

    F/C   **C** **F**   **B♭/F F**
You can't turn back the tide, ain't that a shame?

C   **F/C**   **C** **F**
Ooh, I'd like to go back one time on a roller coast - er ride

       B♭/F F
When life was just a game.

C/G
  No use in sitting and thinking on what you did,

G
  When you can lay back and enjoy it through your kids.

Dm
  Sometimes it seems like lately, I just don't know

Am   **G** **C/G G7**
  Better sit back and go with the flow.

Chorus 2

     C **F/C C G/B Am7 G Fsus2**
'Cause these are the days of   our lives,

     C **F/C C G/B C G Fsus2**
They're flown in the swift - ness of time.

     C **Dm7 C G/B Am7 G B♭ Fsus4 B♭ F/A**
These days are all gone now but some things re - main,

     C/G   **G**   **Fsus2**
When I look and I find no change.

Guitar solo ‖: **Dm** | **Dm** | **Am** | **Am** | **Em** |

        | **Em** | **B♭** | **Am** | **G** | **G**   :‖

Chorus 3

    C **F/C C G/B Am7 G Fsus2**
Those were the days of our lives, yeah,

     C **F/C** **C G/B C G Fsus2**
The bad things in life were so few.

     C **Dm7 C G/B Am7 G B♭ Fsus4 B♭ F/A**
Those days are all gone now but one thing's still true,

     C/G   **G**   **Fsus2**
When I look and I find, I still love you,

C
  I still love you.

Tie Your Mother Down

Words & Music by Brian May

Intro

| A5 | A5 | A5 | G5   D/F♯ C(add9) G/B |

| A5 | A5 | A5 | G5   D/F♯ C(add9) G/B |
Ooh,_____ yeah, ooh,_____ yeah!

| A5 | A5 | A5 | G5   D/F♯ C(add9) G/B ‖
Get your

Verse 1

A5
Party gown and get your pigtail down

G5   D/F♯   C(add9)
And get your heart beating, baby.

G/B   A5
Got my timing right and got my act all tight,

G5   D/F♯   C(add9)
It's gotta be tonight my little school___ ba - by.

Pre-chorus 1

G/B   E5
Your momma says you don't, that your daddy says you won't

G   A♯
And I'm boiling up inside and no way I'm gonna lose out this time.

      A   B   C   C♯
     0fr 2fr 3fr 4fr
Oh, no. ⑤   ⑤   ⑤   ⑤

D5
Tie___ your mother down, tie your mother down.

A   **G5**   **D**   **A**
Lock your___ daddy out of doors, I don't need him nosing around.

D5
Tie___ your mother down, tie your mother down.

       G5 **D/F♯** **C(add9)** **G/B** **A5**
Give me all   your   love   to - night.

G5 **D/F♯** **C(add9)**   **G5**   **A5**
               You're such a dirty louse, go, get outta my house,

                          G5 **D/F♯** **C(add9)** **G/B** **A5**
That's all I ever get from your,   your_____ family ties.

In fact, I don't think I ever heard

                           G5   **D/F♯** **C(add9)**
A single little civil word from those guys.

G/B   **E5**
    But still I don't give a light, gonna make out all right.

                             G
I've got a sweetheart hand to put a stop to all that.

                A **B** **C** **C♯**
                0fr 2fr 3fr 4fr
A5   ⑤ ⑤ ⑤ ⑤
Sniping and grousing all night.

D5
Tie___ your mother down, tie your mother down.

    A   **G5**   **D5**   **A**
Take___ your little bro - ther swim - ming with a brick,___ that's all right.

D5
Tie___ your mother down, tie your mother down.

    G5   **D/F♯**   **C(add9)** **G/B** **A5**
Or you ain't no   friend   of   mine.

    G5   **D/F♯**   **C(add9)** **G/B**
Ooh,___ no,___ suck - er.

Guitar solo	‖: A5	A5	A5	G5	D/F♯ C(add9) G/B :‖
		E5	E5	E5	E5 G	
	‖: A5	A5	A5	G5	D/F♯ C(add9) G/B :‖

E5
Pre-chorus 3   Your mummy and your daddy gonna plague me till I die.

                                          G
They can't understand it, just a peace___loving guy.

A5
Ooh.

A B C C♯
0fr 2fr 3fr 4fr
⑤ ⑤ ⑤ ⑤   D5

Chorus 3   Oh,_____tie___ your mother down, tie your mother down,

          A
Get that big, big, big, big, big, big daddy out the door.

D5
(Tie your mother down,) Yeah, (tie your mother down,)

                  G5 D/F♯ C(add9) G/B A5
Oh, gimme all___ your love   to - night.

G5 D/F♯ C(add9) G/B   A5
All your love   tonight.

A5
Outro   Give me every inch of your love.

G5 D/F♯ C(add9) G/B   A5
          Ooh,___ that's nice.

G5 D/F♯ C(add9) G/B   A5
  All_____ your love tonight.

Yeah, gotta get my timing right. Yeah!

G5 D/F♯ C(add9) G/B   D A5
  Ooh, all   your___ love,   tonight.

Too Much Love Will Kill You

Words & Music by Brian May, Frank Musker & Elizabeth Lamers

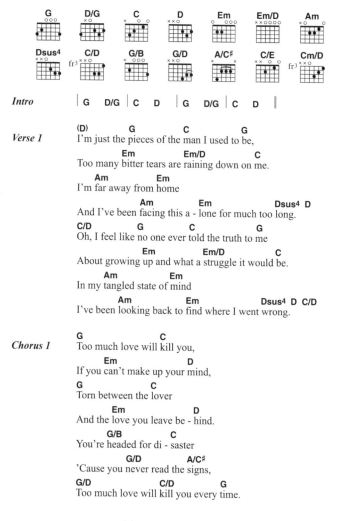

Intro | G D/G | C D | G D/G | C D ||

Verse 1

(D) G   C   G
I'm just the pieces of the man I used to be,

   Em   Em/D   C
Too many bitter tears are raining down on me.

 Am   Em
I'm far away from home

   Am   Em   Dsus4 D
And I've been facing this a - lone for much too long.

C/D   G   C   G
Oh, I feel like no one ever told the truth to me

   Em   Em/D   C
About growing up and what a struggle it would be.

  Am   Em
In my tangled state of mind

   Am   Em   Dsus4 D C/D
I've been looking back to find where I went wrong.

Chorus 1

G   C
Too much love will kill you,

  Em   D
If you can't make up your mind,

G   C
Torn between the lover

  Em   D
And the love you leave be - hind.

  G/B   C
You're headed for di - saster

   G/D   A/C#
'Cause you never read the signs,

G/D   C/D   G
Too much love will kill you every time.

Link | G   D/G | C   D | G   D/G | C/E   D ‖

(D)   **G**   **C**   **G**

Verse 2   I'm just the shadow of the man I used to be,

                    Em   **Em/D**   **C**

And it seems like there's no way out of this for me.

            Am   **Em**

I used to bring you sunshine,

                    Am   **Em**   **Dsus4 D**

Now all I ever do is bring you down.

C/D   **G**   **C**   **G**

    Ooh, how would it be if you were standing in my   shoes,

                    Em   **Em/D**   **C**

Can't you see that it's im - possible to   choose.

            Am   **Em**

No, there's no making sense of it,

Am   **Em**   **Dsus4 D C/D**

Every way I go I'm bound to lose.   Oh.

                    G   **C**

Chorus 2   Yes, too much love will kill you,

                    Em   **D**

Just as sure as none at all.

            G   **C**

It'll drain the power that's in you,

            Em   **D**

Make you plead and scream and crawl.

            G/B   **C**

And the pain will make you crazy,

                    G/D   **A/C♯**

You're the victim of your crime,

G/D   **C/D**   **G**   **D/G C D**

Too much love will kill you every time.

Guitar solo | G   C | G | Em Em/D | C |

            | Am Em | Am Em | Dsus4 D | C/D   ‖

Chorus 3

    G   **C**
Yes, too much love will kill you,

    Em   **D**
It'll make your life a lie.

    G   **C**
Yes, too much love will kill you

       Em   **D**
And you won't understand why.

    G/B   **C**
You'd give your life, you'd sell your soul,

    G/D   **A/C♯**
But here it comes a - gain,

G/D   **Cm/D G**   **D/G C**
Too much love will kill you   in the end,

D   **G**   **D/G C G/B**
  In   the end.

Under Pressure

Words & Music by David Bowie, Freddie Mercury,
Roger Taylor, John Deacon & Brian May

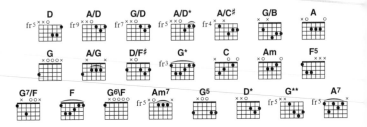

Intro   *Bass riff (x6)*

| D | A/D | G/D | A/D* | |

D   **A/D**
  Boom, boom, bah, bah,   boom, boom, bah, bay.
G/D   **A/D***
  B-b, boom, bah, bay, bay.

Verse 1

D   **A/D**
Pressure pushing down on me,
      G/D   **A/D***
Pushing down on you, no man ask for.
      D   **A/C♯**
Under pressure that burns a building down,
      G/B   **A**
Splits the family in two, puts people on streets.
D   **A/C♯**
Boom, bah, bah, bay, boom, bah, bah, bay,
  G/B   **A**
Do, day, dah, do, day, dah.

Chorus 1

```
     G                                A/G
```
It's the terror of knowing what this world is about,

```
G                                     A/G
```
Watching some good friends scream - ing, "Let me out!"

```
     G                     A/G
```
Pray tomorrow gets me higher.

```
          D/F♯              G    A
```
Pressure on people, people on streets.

```
N.C.(D)
```
Day, day, dep, oo, oo, da, da, da, bop, bop. Okay!

Verse 2

```
D                    A/D                                   G/D
```
   Chippin' around,___ kick my brains 'round the floor.

```
                     A/D*
```
These are the days___ it never rains but it pours.

```
D                   A/C♯
```
  De, doh, dah, doh,   de, de, doh, dah, doh,

```
G/B            A
```
  Mm, dah, doh, ba, la, lop.

```
D                     A/C♯
```
People on streets. De, dah, de, dah, day.

```
G/B               A
```
People on streets. De, dah, de,dah, de, dah, de, dah.

Chorus 2

```
     G                                A/G
```
It's the terror of knowing what this world is about,

```
G                                     A/G
```
Watching some good friends scream - ing, "Let me out!"

```
     G                A/G        D/F♯
```
Pray tomorrow gets me higher, higher, higher.

```
                          G    A
```
(Pressure on people, people on streets.)

Bridge

```
          G*                    C
```
Turned a - way from it all like a blind man,

```
G*                   C
```
Sat on the fence but it don't work.

```
          G*                          C
```
Keep coming up with love but it's so slashed and torn.

```
          Am        F5      G7/F  F  G6/F
```
Why?___ Why?   Why?

```
A
```
(Love, love, love, love.)

```
Am7    A
```
  In - sanity laughs, under pressure we're cracking.

219

Verse 3

G5   D*   G
Can't we give ourselves one more chance?

A   G5   D*   G
Why can't we give love that one more chance?

A   G5   D*   G
Why can't we give love, give love, give love,

A   G5 D*   A/C♯
Give love,___ give love, give love…

        G/B   A   D
'Cause love's such an old-fashioned word,

        A/C♯   G/B   A
And love dares you to care for the people

     D   A/C♯
On the edge of the night.

      G/B   A
And love dares you to change our way of…

Chorus 3

G   A/G
Caring a - bout ourselves.

G   A/G
This is our last dance.

G   A/G
This is our last dance.

D/F♯   G
This is our - selves.

Outro

A   D*   G** A7 D*   G** A7
Under pressure, under pressure,   pressure.

Was It All Worth It

Words & Music by Brian May, Freddie Mercury, Roger Taylor & John Deacon

Chord diagrams: Cm, Cm/B♭, A♭, Gm, F, A5, D5, C5, G5, E5, D, G, Am, Dm, C/G, G7, B♭, B♭7, Am/G, Em, A5*, E♭5, B♭5, D7/F♯, E7/G♯, B, A, B♭m, E♭m, C, G/B

Intro

‖: Cm | Cm/B♭ | A♭ | Gm F :‖

| F Gm | F Gm | F | |

| A5 | D5 A5 | D5 A5 | C5 G5 |

| A5 | D5 A5 | D5 A5 | C5 G5 A5 |

| A5 | D5 A5 | D5 A5 | E5 C5 |

| A5 | D5 A5 | D5 A5 | E5 D5 |

| C5 A5 | D | D ‖

Verse 1

  G Am
  What is there left for me to do in this life,
  G Am
  Did I achieve what I had set in my sights?
  G F   Dm
  Am I a happy man or is this sinking sand,
  G   C/G G7
  Was it all worth it, was it all worth it?

Pre-chorus 1

A5

Yeah, now hear my story, let me tell you about it.

F   Dm

We bought a drum kit, I blew my own trumpet,

G   C/G   G7

Played the circuit, thought we were perfect.

Chorus 1

G7   C

Was it all worth it,

B♭   F   G   C

Ooh, giving all my heart and soul and staying up all night?

Was it all worth it,

B♭   F   G   Am

Living breathing rock and roll, a godforsaken life?

G   Am   G   Am   B♭7

Was it all worth it, was it all worth it, all these years?

Link 1

| Am | Am/G | F | Em | |

| Am | Am/G | F | Em D | D | ‖

Verse 2

G Am

Put down our money without counting the cost,

G Am

It didn't matter if we won, if we lost.

G F   Dm

Yes we were vicious, yes we could kill,

G   C/G   G7

Yes we were hungry, yes we were brill.

Interlude 1

| Am | Am | A5* E5 A5* E♭5 | A5 B♭5 | ‖

Pre-chorus 2

F   Dm

We served a purpose, like a bloody circus,

G   C/G   G7

We were so dandy, we love you madly.

Chorus 2

C

Was it all worth it

B♭   F   G   Am

Living breathing rock and roll, this godforsaken life?

G   Am   G   Am

Was it all worth it, was it all worth it

B♭

When the hurly burly's done?

| *Link 3* | | Am | | Am/G | | F | | Em D | D G ‖ |

| *Guitar solo* | | Am | | Am G | Am | | Am G | |

| | F G | F D7/F♯ | G E7/G♯ | A B | |

| | A5 B♭5 | N.C. ‖ |

| *Interlude 2* | | Dm B♭m | A♭ E♭m | A | | A | |

| | A | | A | | C | | C G/B B♭ | B | |

Pre-chorus 3

F   Dm
We went to Bali,   saw God and Dali,

    G   C/G   G7
So mystic,   surreal - istic.

Chorus 3

                 C
Was it all worth it,

B♭   F   G   C
Giving all my heart and soul, staying up all night?

Was it all worth it,

         B♭   F   G   Am
Ooh, living breathing rock and roll, this never ending fight?

G   Am   G   N.C.(E♭7) (E♭dim7)
Was it all worth it, was it all worth it?

B♭7
   Yes, it was a worthwhile experience, ha ha!

Outro

| | A5 | | D5 A5 | D5 A5 | C5 G5 A5 |
                                      It was

| | A5 | | D5 A5 | D5 A5 | D5 A5 | |
worth it.

| | A5 | | D5 A5 | D5 A5 | F | |

| | G | | G | |

| | Am | | G F | Dm D | D | |

223

We Are The Champions

Words & Music by Freddie Mercury

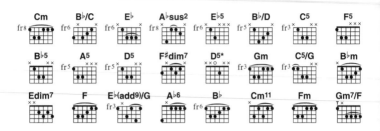

Verse 1

               Cm   B♭/C   Cm
I've paid my dues,   time after time.

   B♭/C   Cm   B♭/C   Cm
   I've done my____ sentence   but committed no crime.

  B♭/C   E♭   A♭sus2   E♭
  And bad mis - takes,   I've made a few.

  A♭sus2   E♭5   B♭/D   C5
  I've had my share of sand kicked in my face,

          F5   B♭5   C5
But I've come____ through. (And I mean to go on and on and on and on.)

Chorus 1

   F5   A5   D5   B♭5 C5
We are the champions my friends,

       F5   A5   B♭5   F♯dim7 D5*
And we'll keep on fighting till the____ end.

  Gm   C5/G Gm   B♭m   B♭5   Edim7
We are the cham - pions, we   are the champions,

  F   E♭(add9)/G   A♭6   B♭
No time for losers, 'cause we are the champions

  Cm11   Fm Gm7/F Fm Gm7/F Fm
   Of the world.

B♭/C   Cm   B♭/C   Cm
I've taken my bows   and my curtain calls.

B♭/C   Cm
You brought me fame and fortune

                B♭/C   Cm
And everything that___ goes with it. I thank you all.

B♭/C   E♭   A♭sus2   E♭
But it's been no bed of roses,   no pleasure___ cruise.

A♭sus2   E♭5   B♭/D   C5
I consider it a challenge before the whole human race

   F5   B♭5   C5
And I ain't gonna lose.___ (And I mean to go on and on and on and on.)

F5   A5   D5   B♭5 C5
We are the champions my friends,

     F5   A5   B♭5   F♯dim7   D5*
And we'll keep on fighting till___ the end.

Gm   C5/G   Gm   B♭m   B♭5   Edim7
We are the cham - pions, we   are the champions,

F   E♭(add9)/G   A♭6   B♭   Cm11
No time for losers, 'cause we are the champions. (of the world)

F5   A5   D5   B♭5 C5
We are the champions my friends,

     F5   A5   B♭5   F♯dim7   D5*
And we'll keep on fighting till the end.   Ah,

Gm   C5/G   Gm   B♭m   B♭5   Edim7
We are the cham - pions, we   are the champions,

F   E♭(add9)/G   A♭6   B♭   Cm11
No time for losers, 'cause we are the champions.

We Will Rock You

Words & Music by Brian May

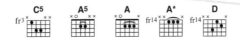

Verse 1

N.C.

Buddy, you're a boy, make a big noise playing in the street,

Gonna be a big man some day.

You got mud on your face, you big disgrace,

Kicking your can all over the place, singing,

Chorus 1

We will, we will rock you.

We will, we will rock you.

Verse 2

Buddy, you're a young man, hard man, shouting in the street,

Gonna take on the world someday.

You got blood on your face, you big disgrace,

Waving your banner all over the place.

Chorus 2

We will, we will, rock you. Sing it, ah,

We will, we will rock you.

Verse 3
N.C.
Buddy, you're an old man, poor man, pleading with your eyes,

Gonna make you some peace someday.

You got mud on your face, big disgrace,

Somebody better put you back into your place.

Chorus 3
N.C.
We will, we will rock you. Sing it,

We will, we will rock you.

Everybody, we will, we will rock you.

C5
We will, we will rock you. All right.

Outro
| A5   A   A5   A* | A5   D   A* | D A* D A* D A* N.C. |

| N.C. D A* D   A* | A*   N.C. | D A* D A* |

| D A* D A* D A* | D A* D A* D A* | D A* D A* D A* |

We Will Rock You (Live)

Words & Music by Brian May

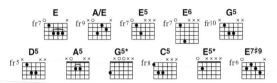

Intro

| E A/E E A/E E | E A/E E A/E E | E A/E E A/E E | E A/E E A/E E |

| E | E |

| E A/E E A/E E | E A/E E A/E E |

| E A/E E A/E E | E | E A/E E A/E E | E E6 E5 |

| G5 D5 | A5 G5* | E | E |

| G5 D5 | A5 G5* ‖

Verse 1

E5 E6 E5   E6
Buddy, you're a boy, make a big noise,
E5   E6 E5 C5   G5
Playing in the street, gonna be a big man some day.
  E5   E6 E5
Got mud on your face, big dis - grace,
D5   A5   E5*
Kicking your can all over the place.

Chorus 1

G5 D5 C5 G5* E
We will, we will rock you, come on,
G5 D5 C5 G5*
We will, we will.

Verse 2

E5   E6   E5   E6
Buddy you're a young man, hard man,

E5   E6 E5   C5   G5
Shouting in the street, gonna take on the world some day.

      E5   E6 E5
Got blood on your face, big dis - grace,

D5   A5   E5*
Waving your banner all over the place.

Chorus 2

G5 D5 C5 G5* E
We will, we will rock you, sing it everybody,

G5 D5 C5 G5*   C5
We will, we will rock you.

Link

| C5 | C5 | C5 | C5 | ‖

Guitar solo

‖: E | E | E | C5 G5 :‖ *Play 4 times*

| E | E | E | C5 G5 |

| E7♯9 | E7♯9 | E7♯9 | C5 G5 |

| E | E | E | C5 G5 |

| E E6 E5 | E E6 E5 | E E6 E5 | C5 G5 |

| E5 | E5 | E | E | ‖

Chorus 3

(E) G5 D5   C5 G5* E
Oh, we will, we will rock you, come on,

G5 D5   C5 G5*
We will, we will.

Verse 3

E5   E6   E5   E6
Buddy you're an old man, poor man,

E5   E6   E5   C5   G5
Pleading with your eyes gonna get you some peace some day.

    E5   E6   E5
Got mud on your face, big dis - grace,

    D5   A5   E5*
Some - body better put you back in - to your place.

Chorus 4

G5 D5   C5 G5* E
We will, we will rock you, yeah, yeah,

G5 D5   C5 G5* A5   E
We will, we will rock you, rock you, rock you, rock you,

G5 D5   C5 G5* A5   C5
We will, we will rock you.

E
Rock you, hey!

You Take My Breath Away

Words & Music by Freddie Mercury

[Chord diagrams: Cm, Am7♭5, F♯dim7, B7, A♭, Cm7, Fm/C, Bdim7, B♭, E♭, B♭7, E♭/G, B7/F♯, Fm7, C7, A♭dim7]

Intro

N.C.(Cm)
Ooh,

                        (Am7♭5)
Ooh, take it, take it all a - way.

(Cm)
Ooh,

                   (Am7♭5) (F♯dim7)
Ooh, take my breath a - way.

(Cm)
Ooh,

(B7)   (A♭)   (B7)
Ooh, you__ take my breath a - way.

Link 1

‖ Cm7 | Cm7   ‖

‖: Cm Fm/C | Cm Fm/C | Cm   :‖

Verse 1

Cm   Fm/C   Cm   Fm/C Cm Fm/C Cm
Look into my eyes and you'll see I'm the only one.

      Bdim7   Cm
You've captured my love,

Bdim7   Cm   B♭
Stolen my heart, changed my life.

A♭/B♭   B♭7   E♭/G
Every time you make a move you destroy my mind

          B7/F♯   Fm7
And the way you touch, I lose con - trol and shiver deep inside,

          (Cm)
You take my breath a - way.

      Cm   Fm/C   Cm   Fm/C Cm Fm/C

Verse 2   You can re - duce me to tears with a single sigh.

     Cm
(Please don't cry anymore)

     Bdim7   Cm
Every breath that you take,

      Bdim7   Cm   Bb   Eb
Any sound that you make is a whisper in my ear.

    Ab/Bb   Bb7   Eb/G
I could give up all my life for just one kiss,

             B7/F♯   Fm7
I would surely die if you dis - miss me from your love,

               (Cm)
You take my breath a - way.

    (Cm)   Bb Ab/Bb Bb

Bridge 1 So   please don't go,

             Ab/Bb Bb
Don't leave me here all by myself,

     Ab/Bb Bb Eb
I get ever   so lonely from time to time.

      Ab
I will find you,

   C7   Fm   Eb/G
Anywhere you go, I'll be right be - hind you

Abdim7   Eb/G
Right until the ends of the Earth.

        B7/F♯
I'll get no sleep till I find you,

    Fm7   (Cm)
Tell you that you just take my breath a - way.

Link 4　　　| Cm　Fm/C | Cm　Fm/C | Cm　　　　　‖

Guitar solo　| Cm　Fm/C | Cm　Fm/C | Cm　Fm/C | Cm　Fm/C |

　　　　　　| B♭ A♭/B♭ B♭ | B♭ A♭/B♭ B♭ | B♭ A♭/B♭ B♭ | E♭　　　| E♭　　　‖

Bridge 2

A♭
I will find you,

C7
Anywhere you go,

Fm7 E♭/G A♭dim7　　　　　　　　**E♭/G**
Ooh,____ right until the ends of the Earth.

　　　　B7/F♯
I'll get no sleep till I find you

　　Fm7
To tell you when I've found you

　　　　(Cm)
I love you.

Outro　　　| Cm　Fm/C | Cm　Fm/C | Cm　　　　‖

White Queen (As It Began)

Words & Music by Brian May

Intro

(G) | (D) | (Em) | (D) | G6/B | D |

Chorus 1

G D   Em G   D   Em
So sad, her eyes, smil - ing dark eyes.

G D Em   G D   (Am)
So sad, her eyes as it be - gan.

Link 1

| Am | Am/G | F6 F7 | F Esus4 |

Verse 1

Am
On such a breathless night as this,

Am/G   F6   F7 F Esus4
Up - on my brow the lightest kiss I walked alone.

Am
And all around the air did say,

Am/G   F6   F7 F Esus4
My lady soon will stir this way in sorrow known.

Am   G   C   G/B   Am
The White Queen walks and the night grows pale,

D   Am   D   A
  Stars of lovingness   in her hair.

Chorus 2

G   D   Em G   D   Em
Need - ing, un - heard, plead - ing, one word.

G D Em   G D   (Am)
So sad, my eyes she cannot see.

| *Link 2* | | Am | | Am/G | | F6   F7 | | F   Esus4 | ‖

           Am
Verse 2   How did thee fare, what have thee seen?

        Am/G   **F6**   **F7 F Esus4**
The mother of the willow green, I call her name.

         Am
And 'neath her window have I stayed,

      Am/G   **F6**   **F7 F Esus4**
I loved the footsteps that she made and when she came.

A   **Dm/A A7 Dm**   **F7/E♭**
White Queen, how   my heart did ache

     B♭ F/A Gm   **Esus4**   **E**
And dry my lips no word would make.

Am
  So still I wait.

| *Guitar solo* | | Am/G | | F6   F7 | | F   Esus4 | ‖

Link 3   ‖: Am | Am/G | F6   F7 | F Esus4 :‖ Esus4 G |

          | D | Em   G | D   Em | Em |

          | C   G | F   C | B♭ F/A Gm | Esus4 E ‖

         Am   **G**   **C**   **G** **Am**
Bridge   My Goddess, hear my darkest fear, I speak too late,

D   **Am**   **D**   **A**
  It's for evermore   that I wait.

         G   **D**   **Em G D**   **Em**
Chorus 3   Dear friend, good - bye, no tears in my eyes.

G D   **Em G D/F♯** **D** **Em**
So sad, it ends as it   be - gan.

Who Wants To Live Forever?

Words & Music by Brian May

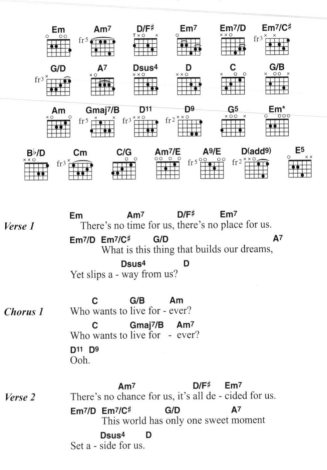

Verse 1

    Em   Am⁷   D/F♯   Em⁷
There's no time for us, there's no place for us.

Em⁷/D Em⁷/C♯   G/D   A⁷
        What is this thing that builds our dreams,

         Dsus⁴   D
Yet slips a - way from us?

Chorus 1

       C   G/B   Am
Who wants to live for - ever?

       C   Gmaj⁷/B Am⁷
Who wants to live for - ever?

D¹¹ D⁹
Ooh.

Verse 2

       Am⁷   D/F♯   Em⁷
There's no chance for us, it's all de - cided for us.

Em⁷/D Em⁷/C♯   G/D   A⁷
        This world has only one sweet moment

      Dsus⁴   D
Set a - side for us.

Chorus 2

      C   **G/B**   **Am**
Who wants to live for - ever?

      C   **Gmaj7/B**   **Am7**
Who wants to live for - ever?

D11 D9 G/B C G/B Am
Ooh.

      C   **G/B**   **Am**
Who dares to love for - ever?

Dsus4 D   **Em**
Oh,_____ when love must die.

Interlude   **‖:** **Em** | **C** | **Em** | **C**   **:‖**

Bridge

          Em   **C**
But touch my tears with your lips,

         Em   **C**
Touch my world with your finger - tips.

G5   **D/F♯**   **Em***
And we can have for - ever,

     G5 **D/F♯** **Em***
And we can love for - ever.

Em7/D Em/C♯ A7   D   **B♭/D**
For - ever_____ is our today.

Chorus 3

      G5   **D/F♯**   **Em***
Who wants to live for - ever?

      G*   **D/F♯**   **Em***
Who wants to live for - ever?

Em7/D Em/C♯ A7 D   **B♭/D**
For - ever_____ is__ our today.

      Em
Who waits forever anyway?

Outro

C	**Em**	**Cm**	**Em**	
Em	**C/G**	**Am7/E**	**Em**	
A9/E	**A9/E**	**A9/E**	**Em**	
Em	**Em D(add9)**	**D(add9)**	**D(add9)**	
E5				

You're My Best Friend

Words & Music by John Deacon

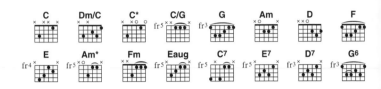

C/G   Eaug   Am*   C7
Ooh, I've been wan - derin' 'round.

F   Fm
Still comes back to you.

G   E7   Am*   D7
And in rain or shine___ you've___ stood by me, girl.

G6   G   N.C.(C)
I'm happy at home. You're my best friend.

Dm/C   C*
Ooh, you make me live.

Dm/C   C*
When - ever this world is___ cruel to me.

Dm/C   C*
I got you___ to help me for - give. (Ooh!)

Dm/C   C*
Ooh, you make me live now, honey.

Dm/C
Ooh, you make me live.

C/G G C/G G Am   Dm   F   G
              Oh, you're the first one when things turn out bad.

C/G   G   C/G G Am
You know I'll nev - er be lonely.

D   F   G
You're my only one, and I love the things,

E   Am*   G   C G   F**
I really love___ the things___ that___ you do.

Fm   N.C.(C)
(Ooh.) Oh, you're my best friend. Oh, ah.

Dm/C   C/G   Eaug   Am   C7
Ooh, you make me live, live,___live,___ live.

| **F** | | **Fm** | | **G** | **E7** | **Am*** | **D7** | |
| | | | | | | | I'm |

| **G6** | | **G** | | **N.C.(C)** | | **N.C.(C)** | |
| Happy. | | You're my best | friend. | | | |

| **Fm** | | **N.C.(C)** | **Fm** | | **N.C.(C)** | ‖
| Oh. | | | Oh, you're my best | friend. |

Dm/C   C*
Ooh, you make me live.

Dm/C   C/G G C/G G C/G G C/G G C/G
(Ooh!) Ooh, you're my best friend.

Relative Tuning

The guitar can be tuned with the aid of pitch pipes or dedicated electronic guitar tuners which are available through your local music dealer. If you do not have a tuning device, you can use relative tuning. Estimate the pitch of the 6th string as near as possible to E or at least a comfortable pitch (not too high, as you might break other strings in tuning up). Then, while checking the various positions on the diagram, place a finger from your left hand on the:

5th fret of the E or 6th string and **tune the open A** (or 5th string) to the note Ⓐ

5th fret of the A or 5th string and **tune the open D** (or 4th string) to the note Ⓓ

5th fret of the D or 4th string and **tune the open G** (or 3rd string) to the note Ⓖ

4th fret of the G or 3rd string and **tune the open B** (or 2nd string) to the note Ⓑ

5th fret of the B or 2nd string and **tune the open E** (or 1st string) to the note Ⓔ

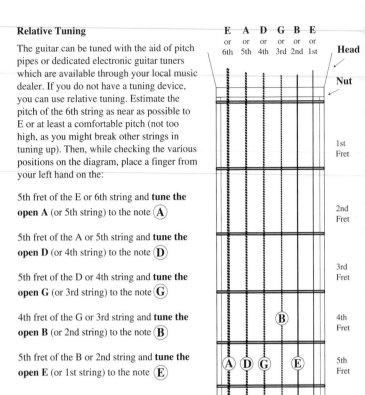

Reading Chord Boxes

Chord boxes are diagrams of the guitar neck viewed head upwards, face on as illustrated. The top horizontal line is the nut, unless a higher fret number is indicated, the others are the frets.

The vertical lines are the strings, starting from E (or 6th) on the left to E (or 1st) on the right.

The black dots indicate where to place your fingers.

Strings marked with an O are played open, not fretted. Strings marked with an X should not be played.

The curved bracket indicates a 'barre' - hold down the strings under the bracket with your first finger, using your other fingers to fret the remaining notes.

N.C. = No Chord.